CRECER CON CONFIANZA

Justine Mol

Crecer con confianza

Educar sin castigos ni recompensas

URANO

Argentina – Chile – Colombia – España
Estados Unidos – México – Perú – Uruguay – Venezuela

Título original: *Growing up in trust*
Editor original: O Books, an imprint of John Hunt Publishing Ltd., UK
Traducción: Núria Martí Pérez

1.ª edición Octubre 2013

ISBN: 978-84-7953-848-4
E-ISBN: 978-84-9944-624-0
Depósito legal: B-20334-2013

Fotocomposición: Jorge Campos Nieto
Impreso por: Rodesa, S. A. – Polígono Industrial San Miguel
Parcelas E7-E8 – 31132 Villatuerta (Navarra)

Impreso en España – *Printed in Spain*

Índice

Introducción

La cabeza es redonda para que nuestros pensamientos
puedan cambiar de dirección.

Francis Picabia

«Si no te dejas nada en el plato podrás jugar en el jardín media
hora más.» «El primero en terminar las sumas podrá limpiar la
pizarra.»

Como tantas otras personas, yo estuve durante mucho tiempo usando los premios para manipular el comportamiento de
mis hijos.

Sí, considero que darles premios a los niños es una forma de
manipulación porque los usamos para intentar que hagan lo que
queremos. Quizás esta afirmación sorprenda a algunas personas.
A lo mejor los castigos ya no les parecían adecuados: cuando los
aplicamos, manipulamos a los niños para que cedan a nuestros
deseos, con lo que impedimos que descubran por sí mismos
cómo quieren vivir. Pero los premios, aunque esta idea les choque
a muchos, tampoco son aconsejables, porque cuando premio a un
niño le estoy dejando claro que soy yo la que decide lo que es bueno: no dejar nada en el plato es siempre bueno para todo el mundo, no comértelo todo es malo, es desperdiciar la comida y el dinero. Yo, como adulto, sé lo que es mejor. Me pongo en un
pedestal. Sé lo que la gente debe o no debe hacer, y prefiero que
los que me rodean se amolden a esta idea. No doy premios porque

sí. Sea consciente o no de ello, tengo en el fondo un motivo: que la siguiente vez que el niño reciba el premio se comporte como yo quiero, con la esperanza de volver a recibirlo.

Tal vez estés pensando: «Es verdad. Claro que sé lo que es mejor para mis hijos. En mi calidad de adulto soy responsable de criarlos. Si dejo que hagan lo que les venga en gana, será el caos». Dejar de premiarles no significa dejar que hagan lo que quieran. Hay otras opciones en lugar de los premios, como verás más adelante. Pero me refiero a que cuando se los damos, el que los recibe acaba dependiendo de nuestra aprobación para sentirse satisfecho consigo mismo.

Tal vez no se te haya ocurrido considerar los premios de este modo y los párrafos anteriores te han llenado de curiosidad. Sigue leyendo, pero permanece atento, porque tu idea de cómo criar a los hijos podría cambiar por completo. Fue lo que a mí me ocurrió.

Cuando digo «premiar» me refiero a dar o prometer algo a alguien si hace lo que le pido: «Como has ordenado tu habitación, iremos a la ciudad a comer un helado». A medida que vayas leyendo el libro, verás por qué no soy partidaria de esta clase de premios, aunque el *aprecio* que va unido a ellos sí que me parece bien. Pero el aprecio siempre se puede expresar de otra manera, como, por ejemplo: «¡Qué acogedora y agradable es tu habitación cuando está limpia y ordenada!» O: «¿Te lo estás pasando bien ordenando tu habitación?» Son mensajes personales o en forma de pregunta que expresan interés por el otro. Todos necesitamos sentirnos reconocidos. Nos gusta que nos tengan en cuenta y el aprecio es una forma maravillosa de hacerlo.

Para permitir a los niños «crecer con confianza» hay varios requisitos esenciales. Para que un bebé crezca con confianza es esencial que durante la primera etapa de su vida establezca un vínculo afectivo estable con uno o más adultos afectuosos. Una forma de lograrlo es ofreciéndole un ambiente tranquilo y estructurado. Pero por más que intentemos responder a sus deseos, seguiremos decidiendo la ropita que llevará, el alimento que ingerirá, si lo sacaremos a pasear y muchas otras cosas más. A medida que crece va decidiendo cada vez más por sí mismo lo que hará o no. Durante este proceso nos preguntamos hasta qué punto hemos de guiarle, ponerle límites y aflojar las riendas. Yo lo veo como un proceso gradual en el que los padres comenzamos guiando a nuestros hijos y poniéndoles límites en casi todo, y acabamos siendo simplemente una presencia con la que saben que pueden contar.

En vez de querer criarlos para que sean clavaditos a nosotros, confiamos en el potencial de cada niño para crecer y ser autodisciplinado. Se trata de dejar de querer representar el papel del que «manda» y en su lugar estar a su lado, estimulándole y apoyándole.

Si somos padres o educadores, o si trabajamos o nos estamos planteando trabajar con padres o educadores en algún otro contexto, tal vez no sea fácil crear el espacio para aplicar este nuevo enfoque en el profesorado o en la familia.

Yo soy madre de tres hijos. A veces cuando estaba cansada o agobiada de trabajo era demasiado estricta y exigente. En mi trabajo de logopeda solía usar pegatinas y álbumes de fotos como premios. Sin embargo, había algo que no me acababa de convencer. Por otro lado, conservo unos bonitos recuerdos de cuando me guiaba por lo que sentían los niños o cuando dejaba que mis decisiones y soluciones surgieran de las conversaciones mantenidas con ellos. Pero después de leer *Comunicación no violenta*, de Marshall B. Rosenberg, y *Crianza incondicional: de los premios y castigos al amor y la razón*, de Alfie Kohn, decidí no seguir dudando. Opté por renunciar a los premios y castigos, salvo cuando no se me ocurría otro modo de resolver la situación. Tomar esta decisión no me llevó demasiado tiempo ni esfuerzo y, quién sabe, tal vez tú también te descubras deseando hacer lo mismo cuando leas este libro.

Si es así, empezarás a ser cada vez más consciente de ello. Seguramente emplearás cada vez menos los premios y castigos. Conocerás y usarás otras alternativas compatibles con confiar en los niños y darles espacio. Pero te aconsejo que las apliques primero en situaciones relativamente fáciles, porque lleva su tiempo acostumbrarse a estos nuevos métodos. Al fin y al cabo, no puedes esperar circular por una ciudad a la hora punta después de tu primera clase práctica de conducción.

Tuve la suerte de trabajar de logopeda en mi consulta y de ocuparme de criar a mis hijos. Podía experimentar con ellos con toda libertad. Mientras tanto, obtuve la titulación de formadora internacional en Comunicación No Violenta.

Vivir sin premios ni castigos es totalmente compatible con el método que difundo. Pero a veces sigo sintiéndome sola cuando los amigos, los conocidos o las personas que conozco en mi trabajo dejan de escucharme al decirles que los premios y castigos son a mi juicio una forma de manipulación. Por suerte, veo que la paz, la alegría y la confianza de los niños aumentan cuando los trato con empatía, interés y sinceridad en lugar de ofrecerles elogios y premios.

Los adultos también se sienten a gusto conmigo cuando no les reprocho si no pueden hacer lo que les pido ni los premio poniéndolos por las nubes cuando acceden a mis deseos. Pero en este libro trato las relaciones entre los padres o educadores y los niños. Los lectores pueden sacar sus propias conclusiones en cuanto a las relaciones con los adultos.

Si hago tanto hincapié en los efectos de los premios es porque sé que nos afectan mucho, ya que los percibo casi a diario. En el pasado era «adicta» a la aprobación, y no estoy exagerando. No dudo de que mis padres me quisieran y seguramente expresaron su amor educándome para que fuera una persona buena y trabajadora creyendo que era lo «correcto». Pero lo hicieron alabándome constantemente cuando a sus ojos yo me amoldaba a su ideal y castigándome cuando hacía cualquier cosa que no coincidía con él. El resultado es que hoy día todavía me entra el pánico a veces cuando alguien me critica y me siento insegura si los demás no ven y me dicen lo bien que estoy haciendo las cosas.

Pero gracias a la ayuda de varios psicólogos y a mi propio esfuerzo, ahora puedo funcionar razonablemente bien sin necesidad de recibir aprobación alguna. Escribir este libro me ha ayudado enormemente.

Tal vez reconozcas algunos aspectos de esta historia. Ojalá este libro ahorre sufrimiento a algunos niños. ¿No crees que sería maravilloso que aprendieran a confiar en sí mismos y no siguieran dependiendo el resto de su vida de lo que los otros piensen de ellos?

En un mundo sin premios ni castigos, nuestra vida cambiaría por completo. En este mundo:

- Nos relacionaríamos con entusiasmo con el mundo, tanto en nuestro interior como en el exterior, porque nos centraríamos en el proceso en lugar de en el objetivo (el premio).

- Aprenderíamos sin trabas al no estar limitados por el miedo a fracasar o a quedarnos sin premio.

- Nos sentiríamos seguros y libres para experimentar a nuestras anchas.

- Aprenderíamos que cada persona es única y especial y dejaríamos de poner etiquetas y de juzgar.

- Nos mantendríamos receptivos y llenos de curiosidad.

- Intentaríamos hacer de otra manera lo que vemos que no nos sale bien.

- No dependeríamos de la aprobación de los demás para sentirnos realizados.

Algunas personas tal vez se opongan a algunos pasajes de este libro. Criar a los hijos no es fácil a veces y quizá piensen: «Una cosa es lo que la autora dice y otra muy distinta ponerlo en práctica». O quizá se las tengan que ver con sus defectos cuando no estén de humor para emplear este método. Si eres una de ellas, te resultará más fácil pensar que mis sugerencias no tienen ni pies ni cabeza que admitir que lo que estás haciendo no siempre te funciona.

Te pido que leas este libro sin castigarte por lo que tal vez concluyas que estás haciendo «mal». Considera lo que descubras con curiosidad y detente un momento para asimilar el efecto de mis palabras sin juzgarlas. Yo no tengo la patente de la verdad. Siempre empiezo mis talleres sobre «Comunicación no violenta» y «Crecer con confianza» diciendo a los participantes que en medio de la sala meteré en un bol imaginario una serie de conocimientos, ideas, sabiduría y sugerencias. Y luego les invito a sacar lo que les sea útil y a dejar el resto. Te invito a leer el libro con el mismo ánimo.

Si algo merece la pena,
vale la pena hacerlo aunque sea imperfectamente.

MARSHALL B. ROSENBERG

1

¿Por qué sin premios ni castigos?

Probablemente todos nos preocupamos cuando nuestros hijos hacen cosas que no nos parecen bien. Seguramente pensamos que es importante que se amolden a las normas de la sociedad porque de lo contrario tendrán problemas. A veces deseamos que dejen de hacer algo por razones prácticas, ya que no está bien que sigan comportándose de ese modo. Nos gusta gozar de paz y tranquilidad o tememos que rompan algo. Al castigar a nuestros hijos estamos intentando que no vuelvan a portarse mal o que dejen de «hacer travesuras».

El resultado podría ser que no vuelvan a hacer nunca más aquello por lo que les hemos castigado. Pero no lo harán por complacernos ni porque ya no sientan la necesidad de «hacer travesuras», sino por miedo, culpabilidad o vergüenza. Los niños temen que los volvamos a castigar. Piensan que los mayores se han enfadado por su culpa y que ellos son responsables de los sentimientos y las necesidades de los demás. Se avergüenzan de haberse comportado mal. Si siguen oyendo constantemente que son tontos, vagos, desagradecidos y torpes y se les castiga por ello, se avergonzarán de quiénes son y empezarán a dudar de sí mismos.

Wendy ha aplastado mientras jugaba con la pelota una hilera de tulipanes del jardín de los vecinos de enfrente. Como castigo, no podrá jugar en la calle durante una semana.

Cuando sus amigas llaman a su casa para que salga a jugar, ella aún está avergonzada por haber hecho algo malo.

Cree que los vecinos y sus padres están enfadados por su culpa. Cuando la dejan salir de nuevo, ya no se atreve a jugar con la pelota por miedo a provocar otro desastre.

Seguramente le chocó ver los tulipanes aplastados y quizá se sintió muy incómoda. No era necesario castigarla para que viera que se había metido en un problema. Aunque un adulto no la hubiera reñido, se habría sentido responsable de todos modos del incidente. A lo mejor habría recogido los tulipanes del suelo para llevárselos a los vecinos disculpándose por haberlos roto o les habría preguntado si podía hacer algo al respecto. Tal vez les habría dicho que la próxima vez tendría más cuidado con la pelota o que a partir de ahora jugaría un poco más lejos de los tulipanes. Hay el riesgo de que los aplaste de nuevo, pero el castigo no garantiza que ésto no volverá a suceder.

Los premios, como los castigos, también pueden provocar miedo, culpabilidad y vergüenza. Si te premian por haber hecho algo bien, sientes que debes seguir dando la talla para no defraudar las grandes expectativas que han puesto en ti. Y entonces te da miedo fracasar y, si yerras, te castigas y avergüenzas de tus fallos.

Gerry ha escrito un artículo muy ameno para el periódico del colegio. El profesor de inglés le ha puesto por las nubes y le ha pedido que escriba una columna en el periódico con regularidad. Pero la siguiente vez que *tiene* que escribir un artículo se estresa mucho. Le da miedo defraudar al profesor.

Cuando después de estrujarse los sesos escribe por fin el artículo en el ordenador, se avergüenza del resultado. El profesor al leerlo se lleva un buen chasco y Gerry se siente culpable por ello.

Tal vez tú también te estresas cuando se espera algo de ti. Tu pareja invita a varios amigos a comer a casa y te pide que cocines algo especial para ellos. Les cuenta con todo lujo de detalles lo bueno que eres cocinando. Te pones nervioso. Intentas preparar un delicioso plato al horno..., pero te olvidas de ponerle sal y encima se te quema.

A mi modo de ver, los premios y los castigos son un tipo de manipulación. Al igual que los elogios y las críticas. Podemos castigar a un niño dándole una colleja, prohibiéndole salir de su habitación o privándole de necesidades básicas como dormir o comer. Los comentarios censuradores y despectivos y las amenazas producen el mismo efecto. Los niños los temen e intentan evitarlos haciendo lo que se les dice. Les premiamos dándoles pegatinas, caramelos, dinero y regalos. El resultado es que hacen lo que les pedimos sólo por los premios. Cuando les decimos: «Te has portado muy bien» o «¡Has hecho lo correcto!», pasa lo mismo. «Bien» y «correcto» son juicios de valor, al igual que «mal» e «incorrecto». Si nos gustan los dibujos que nuestro hijo ha hecho, él se alegrará. Y si no nos gustan, ya no seguirá dibujando por el placer de dibujar. Los elogios hacen, como los premios, que nuestro hijo dependa de nosotros.

Empleo la palabra «manipulación» porque castigamos o premiamos a nuestros hijos para que cedan a nuestros deseos. Pero un niño no es un trozo de arcilla que moldeamos para que se ajuste a nuestros ideales. Al castigar o ignorar lo que está *mal* y elogiar o premiar lo que está *bien*, intentamos que los niños se comporten de una determinada forma: la nuestra. Ellos lo captan enseguida y concluyen que a lo mejor sólo les queremos si hacen lo que les pedimos: es decir, que nuestro amor es condicional.

Pero podemos mostrarles lo que pensamos de sus actos sin premiarles o castigarles: señalarles que algunos comportamientos son incovenientes en la vida (¡Uy, has manchado el mantel!) y otros la enriquecen (¡La leche ha ido a parar a tu barriguita!) El tono de voz también es muy importante. Sin darnos cuenta, nuestras palabras, o incluso nuestro lenguaje corporal, transmiten una actitud de aprobación o censura.

No estoy diciendo que no queramos a nuestros hijos, pero podemos aprender a lamentar ciertas conductas y a alegrarnos de otras. Si un niño vive su conducta de este modo, la podremos lamentar o celebrar juntos. Lo más importante es mostrarle que cualquier clase de conducta se puede ver como una parte «dada» del proceso de aprendizaje y que refleja las habilidades que ha adquirido hasta el momento y lo que le pasa por dentro. Cuanto más capaces seamos de aceptar las cosas como *son*, más espacio tendrán nuestros hijos para crecer.

Los halagos producen los mismos efectos que los premios, aunque se suelen decir para expresar algo agradable. ¿En qué se diferencia un halago de un elogio? Los elogios sirven para expresar aprobación, en cambio los halagos son para decirle algo agradable a alguien. Pero la cosa no se acaba aquí. Observa los halagos que recibes de los adultos, como «¡Hoy estás radiante!», «Has sido muy valiente al decirle a tu jefe que disentías de él». ¿Cómo te sientes cuando los escuchas? ¿Contento? ¿Fuerte?

También nos criticamos unos a otros. «Este abrigo no te queda bien», «¡Cierra el pico, estúpido!» ¿Cómo te hacen sentir estas críticas? ¿Infeliz, inseguro?

En ambos casos, dependes de lo que los demás piensen de ti. Los halagos y las críticas crean este efecto perjudicial porque vivimos en una sociedad que nos está manipulando constantemente. Cuando exclamamos con admiración «¡Hoy estás radiante!», lo que en realidad queremos decir es: «Me gusta tu aspecto. Me encanta ese color azul tan bonito». El halago dice muy poco del receptor y mucho del emisor. ¡Ay, pero lo que oye el receptor es un juicio!

¿Cómo acabaron los premios jugando un papel tan importante en nuestra sociedad? ¿Por qué creemos que son necesarios? ¿Por qué no podemos ser felices sin ellos? ¿O por qué el mundo sería un desastre si no existieran? Hace siglos que se castiga a los niños y los premios tampoco son ninguna novedad. El uso «educativo» de los premios viene de cuando B. F. Skinner (1904-1990) descubrió el «condicionamiento operante». Mientras realizaba un experimento con ratas de laboratorio, descubrió que las podía entrenar para que bajaran una barrera si detrás de ella colocaba un sabroso bocadito del que sólo podían gozar cuando lo hacían. De esta forma las acciones de las ratas de laboratorio eran recompensadas con un suculento bocado. Skinner acabó aplicando este descubrimiento en seres humanos y desde entonces su método se ha estado usando extensamente para lograr que la gente haga lo que uno quiere.

Pero Skinner y sus seguidores pasaron por alto un detalle importante: los humanos no somos como los animales. La gente piensa, tiene una mente propia, y el libre albedrío y la motivación interior nos permite tomar decisiones. *Podemos* lograr que alguien haga lo que nosotros queremos premiándole, pero no lograremos hacer que cambie. Si creemos que premiándole conseguiremos que se vuelva una persona trabajadora y solidaria y al mismo tiempo feliz y sana, estaremos muy equivocados, porque no funciona así.

Hasta hace muy poco, en el mundo laboral, educativo y familiar se buscaban desesperadamente nuevas clases de premios que funcionaran, como beneficios y primas adicionales, ascensos, viajes para adultos con todos los gastos pagados, y un sistema de puntos cada vez más refinado y regalos más caros, como móviles y lectores de DVD para niños. Pero poco a poco estamos viendo que también podemos cambiar de método y buscar otras alternativas. En el capítulo 11 enumero algunas.

Los premios no son aconsejables entre otras razones porque:

- Los premios fomentan la competitividad. «El primero en acabar puede borrar la pizarra.» «Al que saque mejores notas le regalaré el libro de J. K. Rowling.» Cuando un niño oye esto, tiende menos a desear ayudar a sus compañeros o a colaborar haciendo sumas en grupo, pues si lo hace podría tardar demasiado y sus compañeros sacarían mejores notas que él. Con todo, a veces un elemento competitivo sirve como incentivo. A mí me parece bien siempre que podamos elegir si deseamos participar o no en esta clase de competición. Pero tanto si los premios nos gustan como si no, mientras se sigan usando como sistema, nuestros hijos estarán expuestos a ellos.

- Los premios nos impiden ver lo que un niño siente. Si yo le prometo a mi hijo, que se ha levantado por la noche varias veces de la cama, que mañana iremos a comer una pizza si no se levanta más, seguramente podré por fin leer el periódico en paz, pero no sabré por qué está preocupado. ¿Se siente solo y desamparado en su habitación? ¿Hay algo que quiere decirme o preguntarme antes de irse a dormir? ¿Le duele la barriga?

- Los premios hacen que un niño elija el camino más seguro y fácil. Son el enemigo del investigador que lleva dentro. Hará lo justo para conseguir el premio. Sólo se fijará en lo que está haciendo para obtenerlo. No buscará encontrar otras soluciones a sus problemas. Los niños que están acostumbrados a recibir premios suelen esforzarse lo mínimo posible, incluso sin un sistema de premios.

- Los premios reducen el interés de los niños por el tema de una lección. Harán la tarea que el profesor les pide con poco entusiasmo y atención. Se alegrarán de que las clases acaben una hora antes y contarán los días que les quedan para las vacaciones.

- Los niños que viven en un ambiente donde reciben premios a diario pierden su motivación interior o «intrínseca». En este caso, la motivación para aprender les vendrá del exterior. Se denomina «motivación extrínseca». Sólo estudiarán para «aprobar» u obtener un título. Y sólo colaborarán en las tareas domésticas cuando se les pague por ello o reciban algo a cambio.

- En un sistema de premios y castigos, los niños en lugar de aprender a cooperar, vivir en perfecta armonía y respetar a los demás, aprenden sobre la dominación: la persona con mayor poder es la que corta el bacalao y al resto no le queda más remedio que pasar por el aro o rebelarse.

En su libro *Crianza incondicional: de los premios y castigos al amor y la razón*, Alfie Kohn describe entre otras cosas la investigación de Alan Kadzin llevada a cabo en la segunda mitad del siglo xx. Durante doce días Kadzin estuvo premiando a un grupo de niños de nueve a once años sólo cuando realizaban ciertos juegos aritméticos, aunque les habían dicho que todos los otros juegos eran igual de interesantes. Los niños se decantaron enseguida por los juegos con premio. Pero cuando a los doce días dejaron de dárselos, esos juegos perdieron su atractivo. Al final, los juegos con premio les acabaron pareciendo menos interesantes que al principio. Los investigadores concluyeron que cuando nos premian sistemáticamente por realizar una tarea, cada vez la vamos haciendo con menos interés. El siguiente ejemplo procede del mismo libro.

Cada día un grupo de niños de diez años, al salir del colegio de camino a casa, insultaban a un anciano cuando pasaban por delante de su hogar. Después de oír por enésima vez lo estúpido, feo y calvo que era, tuvo una idea. Al día siguiente se acercó a ellos para proponerles que si mañana volvían para meterse con él les daría un dólar a cada uno. Los niños, sorprendidos y entusiasmados, regresaron al día siguiente para insultarle a gritos con más brío que nunca. Y él les dio el dólar prometido. «Si mañana volvéis, os daré cincuenta céntimos», les dijo. Viendo que aún valía la pena, los niños volvieron al día siguiente para lanzarle una sarta de improperios. El anciano les pagó la cantidad estipulada, pero les advirtió: «Esto me está saliendo demasiado caro. Si volvéis mañana, os daré diez céntimos». Los niños intercambiando miradas de decepción, le soltaron: «¿Por sólo diez céntimos? ¡Ni hablar!» Y ya no volvieron nunca más.

El anciano había destruido la motivación intrínseca de esos niños. Lo que al principio hacían por gusto, había dejado de divertirles. Es precisamente lo que millones de padres, profesores y otros educadores bienintencionados hacen, de manera consciente o inconsciente, cuando premian a diario a los niños. Al intentar sobornarlos, acaban destruyendo su interés precisamente en aquello en lo que querían que se interesaran.

EJERCICIOS

Al final de cada capítulo encontrarás varios ejercicios. No son más que sugerencias para aplicar el tema del capítulo a la vida cotidiana. No es necesario que los hagas todos, y si lo deseas hasta te los puedes saltar. Haz sólo los que quieras e incluso puedes cambiarlos para que se adapten mejor *a tu situación*. O hazlos con otra persona. Algunos ejercicios son adecuados para realizarlos en clase o en grupo. Cada alumno los puede hacer por separado y compartir después sus experiencias en grupo. Usa los ejercicios para aprender algo de ellos.

- Piensa en algo por lo que tus padres o alguna otra persona solían elogiarte o premiarte. Tal vez, por ejemplo, te daban un caramelo si dejabas de llorar. Observa cómo afrontas ahora la tristeza. ¿Te cuesta mostrar que estás triste? ¿Te produce este tema miedo, culpabilidad o vergüenza?

- Recuerda varios momentos del último día o de la última semana en los que recibiste un premio o un elogio. Escríbelos en un cuaderno o en un diario. ¿Qué efecto te produjeron los premios? Lee después la lista de «razones por las que los premios no son aconsejables». ¿Reconoces alguno de estos mecanismos?

- Escribe al final del día o de la semana en el cuaderno o en tu diario cuándo has premiado o elogiado a tu hijo, a tu pareja o a un amigo. Considéralo una investigación en lugar de censurarte por ello. Seguramente descubrirás que cada vez estás más al tanto de lo que haces. Es un paso necesario antes de decidir si te gustaría cambiar algo al respecto. Piensa en el efecto que le habrá producido a esa persona este premio. Si te resulta útil, consulta la lista de «razones por las que los premios no son aconsejables».

- Intenta ser más consciente de los halagos que haces y recibes. Si lo deseas, escribe en tu diario o en un cuaderno algunos de los que has hecho últimamente y las palabras aproximadas que usaste. ¿Cuál era tu intención? ¿Halagaste a alguien porque te gustó lo que dijo o hizo? ¿O lo hiciste para ser amable? ¿O porque querías meterte a esa persona en el bolsillo? Sé sincero contigo mismo. ¿Y qué hay de los halagos que recibiste? Escribe una situación en la que te elogiaron por alguna razón y el efecto que te produjo. Advierte que estas alabanzas dicen más de la persona que te las dijo que de ti. No te desanimes. Sigue centrado en lo que piensas sobre *ti* y en lo que sientes.

2

La atención

Hay una cuestión que me tiene intrigada. Si me fijo en algo que alguien hace, ¿estoy fomentando esta conducta? Si presto atención a la conducta positiva de un niño como, por ejemplo, compartir caramelos, recoger un objeto que se le ha caído a alguien, subir las escaleras de puntillas cuando una persona está intentando dormir, ¿seguro que repetirá esta conducta? Y si ignoro una conducta negativa suya, como interrumpir a alguien que está hablando, llorar por querer un helado o burlarse de sus hermanas, ¿seguro que acabará dejando de comportarse así? ¿Tendrá mi hijo una conducta ejemplar?

Sí, es cierto. Es un método para crear niños «ejemplares». Marshall Rosenberg las llama «buenas personas abotargadas». Son personas que no le causarán ningún problema a nadie, se comportarán con una gran educación y nunca dirán lo que piensan mientras consigan dominarse. Pero de vez en cuando no podrán controlar la bestia que llevan dentro y perderán los estribos con un colega, insultarán a su pareja o serán demasiado estrictos con sus hijos. Y un día puede que lleguen a agredir físicamente o incluso matar a alguien, y la gente que les conocía exclamará desconcertada: «¡No lo entiendo! Si era una persona excelente, de lo más afable y servicial, que nunca se enfadaba por nada». No estoy intentando decir que todas las personas afables y apacibles que conocemos puedan convertirse en asesinos de un día para otro, pero bajo su afabilidad se podría esconder mucho dolor. El dolor y el miedo de mostrar lo que verdaderamente sienten, el miedo al rechazo si no se amoldan al mundo hipócrita que a veces les rodea.

La agresividad acumulada también puede dirigirse al interior y cuando sucede esas «buenas personas abotargadas» enferman. Viven temiendo, de manera consciente o inconsciente, que los demás no les acepten si la bestia de su interior se desata. En el fondo no son libres porque les falta la confianza y el valor para aceptar lo que sienten y necesitan, o no se atreven a expresarlo. Concluyen que nunca podrán ser felices y se resignan a llevar una vida llena de limitaciones.

¿Cómo era el ambiente en el que creciste? ¿Tal vez las personas que te educaron fomentaron *tu* conducta deseable y rechazaron tu conducta indeseable? Seguramente tomaron algunas decisiones bastante arbitrarias sobre lo que era bueno o malo. No es mi intención criticar a tus cariñosos y bienintencionados padres o a los adultos que se ocuparon de ti, ya que estaban influidos por el espíritu de la época y lo hicieron con la mejor intención del mundo. Y nosotros también criamos a nuestros hijos condicionados por el ambiente familiar en el que crecimos. La mayoría juramos y perjuramos que no actuaremos igual que *nuestros* padres y profesores. Pero no es tan fácil como parece. Las pautas de conducta están muy arraigadas y cambiarlas exige un montón de paciencia. En este contexto me gustaría hablar de la palabra japonesa «kaizen». Significa un progreso pequeño, insignificante en apariencia y continuo que nunca cesa. Esta palabra me reconforta y anima a seguir mejorando, incluso cuando sufro por ser tan recalcitrante a abandonar los hábitos que me impiden progresar. A ti también te deseo una vida llena de *kaizen*.

Volvamos al tema de la atención y de la conducta que se amolda a los deseos de los demás. Uno de los peligros de ignorar una conducta indeseable es en primer lugar ignorar por qué un niño se comporta de ese modo y las necesidades insatisfechas que refleja. Creo que es importante explicarles a los niños los efectos que su conducta tiene en los demás. Haz que tu hijo sea consciente de que sus pellizcos te duelen, de que sus gritos te molestan. O dándole la vuelta a la situación, pregúntale si le gustaría acariciarte en lugar de pellizcarte y dile que es más agradable si habla sin gritar. Pero no te aconsejo que se lo digas más de una vez, para no fomentar su conducta indeseable al prestarle atención, precisamente el mecanismo que queremos evitar. Con una ya basta.

Lo más importante es lo que le dices a continuación. Después de explicarle el efecto de su conducta, o la conducta que preferirías que tuviera, observa qué es lo que le preocupa a tu hijo. Y es evidente que algo le preocupa, porque de lo contrario no lloriquearía ni se mostraría reacio a cooperar. Interpreta esta conducta como que está diciendo «no» a algo. Los pellizcos o los gritos significan: «No, no quiero…» Podría ser que tuviera algún problema o un conflicto interior. A lo mejor tu hija no está segura de si la invitarán a la fiesta de cumpleaños de su amiga, o quizá tenga los primeros síntomas de la «gripe». A menudo ni ellos mismos saben lo que les pasa, algo de lo más normal. Yo tampoco sé enseguida lo que me preocupa cuando estoy irritable o me comporto con brusquedad. Pero si me retiro a un lugar tranquilo para observar mi interior, veo lo que me pasa. A veces alguien me ayuda a descubrirlo al hacerme preguntas. A la mayoría de niños les gusta que los adultos les ofrezcan esta clase de ayuda.

Si ves que tu hijo está diciendo «no» a algo con su conducta, cuando mantengas esta clase de conversación con él intenta averiguar a qué le está diciendo «sí». Procura descubrir qué es lo que necesita para volver a sentirse bien.

También puedes intentar hacerlo de otra forma que no sea hablando. Pero si deseas hablar sobre ello, busca el momento oportuno para que los dos tengáis el tiempo y el espacio para hacerlo. O si no intenta imaginarte lo que le está preocupando, o (para darle más espacio) empatiza con el hecho de que *algo* le preocupa. En lugar de verlo como un niño llorón que no quiere cooperar, considera que no es feliz y que lo está expresando de una forma molesta.

Steven tiene dos hijas que a veces se pelean como arpías. Sobre todo en el coche. Está tan acostumbrado a esta escena que ni siquiera intenta averiguar la razón de la trifulca. Ignora los empujones y tirones de sus hijas y se concentra en la carretera. En cuanto cesa el rifirrafe en el asiento trasero, se pone a charlar con ellas. Les cuenta algo de su trabajo y les pregunta cómo les ha ido el colegio. El resto del viaje suele discurrir plácidamente. A él esta conducta le parece bien. Las peleas de sus hijas nunca se alargan demasiado. Sí, está convencido de saber manejarlas.

Pero un día al volver del trabajo por la noche, descubre que en su casa reina el caos. Su hija pequeña en un ataque de ira ha destrozado la habitación de su hermana y se ha hecho un corte en la mano. Y luego se ha encerrado en su habitación. Su mujer y su hija mayor no dan crédito a lo que ha sucedido y no saben si llamar al médico o a la policía.

Steven comprende de pronto que las peleas de sus hijas venían de algún problema que tienen que él no ha sabido ver.

Hay varias formas de vivir con lo que se oculta bajo una conducta indeseable. Los niños a veces disfrutan rezongando, pero no les explican a sus padres lo que les pasa. Muéstrale a tu hijo que sabes que algo le preocupa dándole un poco de espacio como, por ejemplo, recogiendo la mesa aunque le toque a él hacerlo. El mío, de pequeño, casi nunca se enojaba. Pero cuando de vez en cuando perdía los estribos, yo procuraba que sus hermanas no le molestaran para que pudiera desfogarse en paz. Era una forma de prestar atención al problema que reflejaba su conducta sin intentar interferir ni analizarlo psicológicamente.

Sabía que mi hijo no me hablaría de sus sentimientos ni de sus vivencias. Aún me acuerdo de un día en que me senté en su cama intentando que me abriera su corazón. Lo atosigué con un montón de preguntas, pero no me respondió. Ahora me doy cuenta de que lo único que quería era que me fuera y no le diera más la lata. En un momento dado me soltó: «Mamá, si hubieras resumido todas tus preguntas en una habríamos acabado mucho antes».

En el capítulo 9: *Escuchar el «sí» en el «no» de un niño*, encontrarás más información sobre en qué debes fijarte en esos casos.

EJERCICIOS

- Escribe con una o más personas varios ejemplos de lo que consideréis conductas poco deseables. Hablad sobre ello. Observad las diferencias que hay entre vosotros en el modo de juzgarlas. Podéis describir tanto conductas indeseables de adultos como de niños.

- Elige un ejemplo de una conducta poco deseable con la que te hayas topado últimamente. ¿Qué problema podría tener esa persona? No importa si aciertas o no en lo que le pasaba, lo importante es empatizar con ella.

- ¿Cómo te comportas cuando tienes un problema? ¿Te cierras en banda? ¿Te vuelves insoportable? ¿Qué es lo que haces?

- Hazte un hueco para retirarte a un lugar tranquilo. Sírvete una bebida sana y pon música. Piensa en la conducta conformista o sumisa que deberías cambiar. Reflexiona en las situaciones en las que actúas de este modo. ¿Cómo reaccionan los demás? ¿Cómo *te* sientes cuando te comportas así? ¿Tendrás el valor de actuar de otro modo en esta clase de situaciones a partir de ahora? Si la respuesta es afirmativa, piensa en cómo te gustaría comportarte. Haz este ejercicio una o dos veces a la semana para evaluar tus progresos. ¿Cómo te está yendo? ¿Estás logrando comportarte de distinta forma? ¿Qué has conseguido con ello? ¿Cómo han reaccionado las personas que te conocen a tu nuevo modo de comportarte?

3

Necesidades básicas

En todos los lugares del mundo los niños necesitan aprender y jugar. Pero esto no es todo. Además quieren decidir por sí mismos lo que van a hacer y ser tratados con amor y respeto. También es cierto que tienen una lista de necesidades básicas y que sólo son felices cuando las colman. Comer y beber, no pasar frío y dormir forman parte de la lista. Los adultos tienen las mismas necesidades básicas, pero su forma de satisfacerlas es a veces distinta. En cuanto veamos que hay varias formas de satisfacer las mismas necesidades básicas, descubriremos cómo distintas personas las pueden colmar en perfecta armonía sin entrar en conflicto unas con otras. Cuando cada miembro de la familia satisface sus necesidades básicas de distinta manera, también es posible arreglar las cosas de tal modo que todo el mundo sea feliz. No es más que una cuestión de elegir estrategias que no interfieran con la satisfacción de las necesidades de los demás. Vale la pena intentarlo antes de recurrir a premios o castigos para colmar nuestras propias necesidades, o de irnos al otro extremo anteponiendo las necesidades de nuestros hijos a las nuestras y descubrir al final del día que estamos agotados.

Considerar que las necesidades y el bienestar de cada miembro de la familia son tan importantes como las propias tal vez nos parezca al principio un poco complicado. Y además lleva su tiempo, sobre todo mientras intentamos encontrar una solución. Pero lo más probable es que al final consigamos contentar a todo el mundo. Si cada uno nos tomamos siempre las necesidades de los otros en serio, veremos al cabo de poco que satisfa-

cer las necesidades de todos es mucho más agradable que no te-
nerlas en cuenta.

Martin (9), Sophie (12) y sus padres necesitan gozar de
una cierta paz y tranquilidad. A Martin le encanta esparcir
las piezas del Lego por el suelo y jugar con ellas durante
horas. A Sophie le gusta ver los videoclips de sus grupos
musicales preferidos por la tele. Su madre quiere que la
casa esté limpia y ordenada, y su padre desea leer el periódico en paz (y en un ambiente tranquilo). Todos tienen las
mismas necesidades, pero cada uno las colma a su manera.
Esta situación provoca a veces peleas acaloradas que siempre acaban con los padres o los hijos claudicando. Con-
fiando en el método de tener en cuenta las «necesidades
básicas», decidieron sentarse a la mesa para encontrar una
solución que les permitiera a todos gozar de la paz y la
tranquilidad que ansiaban. Y descubrieron que había todo
tipo de posibilidades. Martin podía, por ejemplo, jugar en
su habitación y Sophie ver la tele con los auriculares. O si
no tenían auriculares, su padre podía leer el periódico en
otra parte de la casa. O fijar una hora en la que Sophie viera la tele mientras él posponía su momento de paz y silencio. Martin podía jugar con el Lego en un rincón de su habitación para no ensuciar ni desordenar el resto de la casa,
así su madre estaría contenta. De modo que con este sistema se podía satisfacer las necesidades de todos.

---

*¿Te resulta familiar la siguiente escena? Has dormido bien y
disfrutas con tu trabajo o con la compañía de las personas con las
que vives. Tener en cuenta a los demás y fijar tus límites te resulta
fácil.*

¿Y te identificas con esta otra? Estás agotado, tu trabajo te estresa y en tu casa reina el caos. Te matas a trabajar y te irrita cualquier cosa y todo el mundo.

¿Tal vez nos resultaría más fácil apoyar a los demás si primero cuidáramos de nosotros mismos? Últimamente he estado advirtiendo cada vez más lo agradable que es, en medio del ajetreo del día, hacerme un hueco para sestear media hora, ir al buzón a buscar las cartas, llamar por teléfono a una amiga o practicar mis ejercicios de qi gong.

La actitud de «primero yo y después los demás» la terminé de adquirir después de haber hecho hace poco un viaje en avión. Durante la demostración de las instrucciones de seguridad a bordo, nos recalcaron que en caso de emergencia los adultos debíamos protegernos primero con la mascarilla de oxígeno antes de ponérsela a nuestros hijos. Es decir, si no cuidamos de nosotros mismos, no nos podremos ocupar de ellos.

Cuidarse significa también reconocer las necesidades de uno. A veces no tenemos demasiadas oportunidades para colmarlas y en estos casos, reconocerlas y respirar profundamente dos veces, por ejemplo, es mejor que nada. Quizá podamos hacerlo en otro momento del día. En el capítulo 10 se trata en detalle cómo cuidar de uno mismo.

Resulta tentador decidir cómo deberían comportarse nuestros hijos. Después de todo tenemos una gran experiencia de la vida, ¿no? Sabemos prever mejor los efectos de ciertas acciones. Para protegerlos de los peligros, ¿es mejor recurrir a los premios y castigos? En mi opinión no, pues en este caso no satisfaremos sus necesidades básicas. Pero si no lo hemos hecho nunca, tal vez nos cueste verlo desde este ángulo. Veamos algunas de las necesidades básicas para entenderlo mejor.

La necesidad de seguridad

En la Introducción de la página 9 he escrito sobre los bebés y la sensación de seguridad que les aporta el vínculo emocional con sus padres, aunque es importante que los niños se sientan seguros a cualquier edad, en el sentido de poder ser ellos mismos, con sus rarezas e imperfecciones, sabiendo que los cuidarán y protegerán si es necesario. Es decir, los niños se sienten seguros cuando saben que sus padres los aman incondicionalmente.

La necesidad de autonomía

Por lo visto hoy día más que nunca los niños quieren decidir por sí mismos cómo, qué y cuándo quieren aprender. No se dejan coaccionar por los adultos. Son listos. Si intentamos obligarles a hacer algo, se les ocurrirá todo tipo de excusas para zafarse. Aunque, claro está, todavía no pueden hacerlo todo solos y necesitan ayuda, tanto si es para ponerse los calcetines como para escribir una carta. Les gusta aprender cosas de los adultos, pero sólo cuando ellos quieren. Y también les gusta hacerlo a su manera.

La necesidad de autenticidad

Cada niño es único y busca formas de aprender y desarrollarse que encajen con él. Vale la pena tenerlo en cuenta cuando un niño nos indica que quiere hacer algo por sí solo. ¿Acaso no es maravilloso contemplar a un niño pequeño poniéndose la comida en la cuchara con una mano para meterse la cuchara en la boca con la otra? ¿O ver a un niño de ocho años descubriendo su propio método de sumar con cifras incluso más altas? Procura no inmiscuirte en ello, ya que de lo contrario le podrías reducir la creatividad. Además, si tus hijos advierten que tú siempre sabes hacerlo todo mejor que ellos, acabarán dependiendo de ti.

La necesidad de reconocimiento

A los adultos nos gusta que nos tengan en cuenta y que nos tomen en serio, y a los niños también. Me acuerdo que de pequeña me encantaba cuando un adulto advirtiendo mi timidez, tenía algún gesto bonito conmigo. Como cuando llegué a la fiesta de cumpleaños de una amiga y un adulto recibiéndome con una sonrisa, me guió con dulzura llevándome por el hombro a la silla de la esquina de la mesa, desde donde podía discretamente observarlo todo e irme acostumbrando poco a poco a la fiesta.

La necesidad de respeto

A los niños les gusta que se respete su autonomía y autenticidad. Si decidimos, por ejemplo, que nuestro hijo tiene que sacar sus cosas de la mesa *ahora mismo* porque tenemos que comer, podemos decirle algo como: «¡Qué lastima, justo cuando querías dibujar un poco más!»

El respeto no significa dejar que alguien haga siempre lo que se le antoje, sino tener en cuenta a esta persona. Lo que le estás diciendo en realidad es: «Sé que querías seguir dibujando en la mesa. Te quiero, aunque a veces no hagas enseguida lo que te pido».

También puedes practicar la aceptación aceptando todo lo que existe, aunque esto no significa que permitamos cualquier cosa. Yo respeto que un niño se enfade, pero no acepto que rompa los vasos de cristal en un ataque de rabia. En este caso intervengo para impedírselo.

La necesidad de empatía

Empatiza con tu hijo escuchándole con amor, teniéndole en cuenta y comprendiéndole. Pero hazlo sin juzgarlo ni compararlo con otras personas, sin generalizar ni buscar soluciones, de lo contrario no estarás siendo empático al cien por cien.

Si empatizas con algo que le ha pasado, muéstrale que aprecias lo que ha hecho. Si una situación no le ha funcionado, préstale atención por un momento y muéstrale que lo lamentas. Cuando digo «muéstrale que aprecias lo que ha hecho» no me refiero a decirle: «¡Muy bien!», ya que esta observación sólo haría que se sintiera inseguro y que dependiera de ti. Me refiero a mostrarle que te ha encantado lo que ha hecho, o sus buenos modales, o sus palabras. Si por ejemplo tu hija de seis años ha hinchado sola los neumáticos de su bicicleta, en lugar de exclamar: «¡Muy bien!», puedes expresarle que te alegras de que esté creciendo y volviéndose más independiente. Puedes decirle: «Ya veo que has hinchado sola los neumáticos de la bicicleta. ¡Qué orgullosa estás! ¿verdad? Me alegro mucho, porque a partir de ahora ya no necesitarás que te ayude a hincharlos. Valerte por ti misma es genial, ¿no?» También podrías decírselo con menos palabras o incluso sin ninguna. Puedes expresarle el mismo mensaje rodeándole los hombros con el brazo y sonriéndole al mirarla a los ojos mientras exclamas: «¡Genial!» Pero si estás pensando: «¡Muy bien!», tu hija interpretará este mensaje no verbal como un premio. Por eso no sólo se trata de lo que le dices o haces, sino también de la intención que muestras al apreciar algo que ha hecho.

Durante los dos últimos años he estado cuidando a la niña pequeña de la puerta de al lado un día a la semana. Ahora tiene tres años. En lugar de exclamar: «¡Muy bien!», he aprendido a decirle: «¡Lo has conseguido!» Y cuando vierte sin querer un vaso de zumo de frutas, exclamo: «¡Ay!», o «¡Qué lástima!» De esta forma empatizo con lo que le ocurre. Ella se alegra cuando algo le sale bien y cuando se le cae algo, se apena. No necesito llamarle la atención al respecto agobiándola con alabanzas o críticas. En el capítulo 5 encontrarás más información sobre ello.

La necesidad de igualdad

Los niños son capaces de descubrir por sí mismos sus cualidades y cómo desean desarrollarlas. Los adultos tenemos que bajar del pedestal y comunicarnos con nuestros hijos de igual a igual. Podemos aprender muchas cosas unos de otros. Por ejemplo, un niño de diez años puede ser muy sensible a los sentimientos de los demás. Le abruman un poco. Es curioso y desea ayudar, pero esto le da al mismo tiempo un poco de miedo. Apenas juega con los otros niños de su edad. Si fuera tu hijo ¿pensarías que ya es hora de que salga de su aislamiento y decidirías por él lo que debe hacer? ¿Te lo llevarías a la explanada de detrás del colegio donde los otros niños juegan a fútbol esperando que hiciera amigos? ¿Invitarías a sus compañeros de clase a tu casa para que jugaran con él?

También puedes hablar con tu hijo para ver qué se siente preparado a hacer. Hazle preguntas, pregúntale si le gustaría que intentéis buscar soluciones. Míralo como a un igual cuando converses con él. A los niños les gusta que se los vea como un todo y no como una mitad. Aunque tu modo de tratarlo como a un igual variará según la edad y la personalidad que tenga. Incluso puedes relacionarte con un bebé viéndolo como a un igual, ya que son seres humanos con sus propios sentimientos y necesidades, y su forma de expresarlos. De ti depende saber sintonizar con tu hijo. Sigue simplemente buscando la manera de resolver esta situación.

La necesidad de una atención cariñosa

Los niños ansían que sus padres los amen incondicionalmente, hagan lo que hagan. No se conforman con recibir una atención cariñosa cuando han hecho algo bien a nuestros ojos. Cuando estaba de vacaciones en Irlanda, vi un cartel en una pared que rezaba: «Cuando más necesitamos que nos quieran es cuando menos nos lo merecemos».

La necesidad de jugar y aprender

Supón que le das a tu hija de dos años y medio ceras de distintos colores para que cree un dibujo y lo coloree. Haces un dibujo en un papel y ella también participa trazando varias líneas, pero de pronto se pone a mirar las ceras detenidamente. Las saca de la cajita y las apila en un montoncito. Después las vuelve a meter en ella intentando colocarlas bien. Rasca una con la uña para que se desprendan pedacitos de cera. Supón que enseguida le intentas enseñar «para qué sirven los lápices de cera». Si lo haces, estarás privándola de la oportunidad de jugar y aprender.

Si con las ceras decide hacer dibujos en la mesa o en su propia ropa, puedes cogerle en silencio el bracito y llevárselo al papel. O decirle con claridad y firmeza: «No, no quiero que ensucies la mesa (o el jerséi)», pero sin enfadarte ni castigarla.

A los niños les gusta experimentar y estarán más preparados a hacerlo en los límites que les fijemos si están acostumbrados a que nosotros respetemos los suyos. Se podría decir que nuestros hijos nos retan a jugar con nuestros límites.

La necesidad de humor y de goce

Los niños, como los adultos, tienden a fijarse más en alguien cuando esta persona les divierte con una broma, un guiño, una riña amistosa, una risa compartida. Cuando mis hijos estaban en la pubertad, a veces yo podía ser muy seria e intransigente con ellos. Si no metían la ropa sucia en la cesta de la colada, no se la lavaba. Y si encontraba ropa tirada por el suelo, les daba la lata para que la recogieran. Al comportarme de esta forma se tomaban la ropa que no les lavaba como un castigo y la que les lavaba, como un premio. Incluso debo confesar que sentía un cierto placer cuando mi hijo al disponerse a salir de casa para ir a jugar un partido de fútbol, descubría que no tenía ninguna camiseta limpia. «¡Tú tienes la culpa! —decía yo para mis adentros—, deberías haberlas metido en la cesta de la colada.»

Pero al reflexionar, me doy cuenta de que era mi forma de intentar colmar mi necesidad de descansar y de tener la casa ordenada. Ahora sé que era un método inútil, porque la tabarra que les daba para que metieran la ropa sucia en la cesta de la colada no me proporcionaba ni el descanso ni el orden que tanto ansiaba. Es decir, estos premios y castigos no me daban el resultado deseado. En cambio, una observación hecha en el momento oportuno como: «¡Genial, la cesta de la colada está aún vacía, hoy no hace falta que lave la ropa!», o una campaña temporal basada en pegar en las paredes de toda la casa dibujos de flechas señalando: «La cesta de la colada está en esa dirección» eran mucho más eficaces. Y, además, al dejar de irritarme por estas cosas ya podía como quien dice satisfacer por fin mi necesidad de descansar.

Marshall B. Rosenberg enumera en su libro *Comunicación no violenta* otras necesidades básicas. Espero que ahora ya entiendas cómo funcionan. Las necesidades básicas de los niños no se satisfacen premiándoles o castigándoles, sino que si prestas atención, descubrirás que puedes colmarlas con otros métodos. Aunque yo he descubierto que me cuesta mucho hacerlo cuando estoy irritada sin saber por qué o les doy la lata a mis hijos. Por eso te aconsejo que en primer lugar observes tus propias necesidades y las satisfagas si es posible. Si en un momento dado ves que te es imposible, sé compasivo con el dolor y la tristeza que sientes cuando las cosas no te van como a ti te gustaría. Si cuidas bien de ti, tendrás mucha más paciencia con tus hijos o tus alumnos.

EJERCICIOS

- Observa las necesidades que se describen en este capítulo. ¿Te identificas con alguna? Reflexiona durante un momento sobre ellas o coméntalas con otra persona. ¿Cuándo las satisfaces y cuándo no? ¿Puedes satisfacerlas por ti mismo o necesitas a otras personas para hacerlo? ¿Cómo te sientes cuando tus necesidades se colman? ¿Cómo te comportas cuando no las puedes satisfacer?

  Al reflexionar sobre ellas, tomas conciencia de tus necesidades básicas y de la importancia que tienen en tu vida.

- Piensa en tu hijo o en el de otra persona. Recuerda un momento en el que creíste que estaba siendo problemático o molesto. ¿Intentaste controlarlo con un premio o un castigo? ¿Cómo acabó la historia? Vuelve ahora al punto en que el niño era conflictivo. Siéntate y reflexiona durante un momento en las necesidades insatisfechas que lo empujaban a comportarse así.

- Hay otras necesidades básicas, como la necesidad de confiar en alguien, de protección, de claridad, de plenitud, de seguridad, de contribuir a la felicidad ajena. Tal vez se te ocurran algunas otras. Lee las situaciones que describo más abajo e intenta reconocer los gritos de un niño como la necesidad de recibir atención. Elige las frases con las que sientas cierta afinidad.

- La profesora está explicando algo a Karen. Ella no le presta atención y empieza a charlar con sus compañeras.

- Ricardo se pone a gritar y a soltar palabrotas cuando Pedro le coge el bolígrafo para usarlo sin pedirle permiso.

- Sasha nunca ordena su habitación, aunque su madre se lo pida casi a diario.

- Esteban es incapaz de comer sin levantarse de la mesa.

- Katinka se ha pasado toda la mañana sentada en el sofá mirando por la ventana.

- La maestra ha terminado de dar la clase y es hora de hacer los ejercicios, pero Julia sigue queriendo preguntarle algo y levanta la mano. Siempre hace lo mismo.

- Patricio atraviesa el parque de vuelta a casa arrancando un par de hojas de cada mata que encuentra a su paso.

4

El sentido ético de los niños

Los padres y educadores tendemos a preocuparnos por nuestros hijos o nuestros alumnos. ¿Están aprendiendo lo suficiente? ¿Tienen bastantes amigos? ¿Tienen en cuenta a los demás? ¿Son problemáticos? Movidos por esta clase de preocupaciones, creemos que somos responsables de enseñarles a ser considerados, empáticos y solidarios. Y cuando un niño consuela a otro que llora rodeándole los hombros con el brazo o le presta el juguete que ansía, lo interpretamos como una señal de haberlos educado bien. Y recurrimos a métodos autoritarios para asegurarnos de que esta conducta altruista perdure.

Pero Rudolf Steiner (y también el psicólogo alemán Henning Köhler) afirmó que no hay razón para preocuparse y que nuestra intervención es innecesaria. Recalcó que los niños tienen un sentido ético innato. Si les ofrecemos el espacio para desarrollarlo y si los padres y los educadores les damos un buen ejemplo siendo solidarios, todo irá bien según Steiner. Con todo, es importante predicar con el ejemplo. Sin embargo, no es ésta la cuestión.

Hasta los siete años los niños aprenden sobre todo emulando a los adultos. Si viven en un ambiente violento o poco respetuoso, eso será lo que imitarán. Esta conducta va en contra de su sentido ético natural e incluso puede llegar a reemplazarlo. Por eso les ahorraremos muchos problemas en la vida si les damos un buen ejemplo con nuestra conducta. Lo cual significa, entre otras cosas, empatizar, ser considerados y serviciales, y en lugar de juzgar a los demás, mostrar un verdadero interés por el estilo de vida que elige la gente. Y al decir «gente» no me refiero sólo a los adultos, sino también a nuestros hijos y a los otros niños.

Cualquier intento de «inculcarle» a un niño valores éticos producirá el efecto contrario. Será un obstáculo para el desarrollo de su sentido ético natural y más tarde de sus ideales. La afinidad con todo lo «positivo» no viene de fuera sino de dentro. La cara de alegría de un niño al ver las «buenas acciones» de sus padres lo dice todo. En cambio, no hay ninguno que se enorgullezca de la maldad de sus progenitores.

Tres adolescentes llevan siendo íntimas amigas desde primaria. Su amistad es de todo menos aburrida. En algunas ocasiones una de ellas se entristece porque cree que las otras dos la dejan de lado. En otras, se enemistan con el resto de la clase por no dejar que nadie más forme parte de su cerrado grupo. En una ocasión en que una de las adolescentes quería celebrar su decimoquinto cumpleaños en el jardín de su casa, las otras dos preferían ir a un festival pop muy especial, y estuvieron hablando sobre ello durante horas. Ninguna era feliz si las otras dos tampoco lo eran. A veces a la madre de una de ellas le sobrepasa la situación e intenta entrometerse diciéndole a su hija: «Pero ¿qué es lo que quieres? ¡Piensa por ti misma!» Su hija la escucha por cortesía, pero no le hace caso. Por lo visto las tres adolescentes han decidido ayudarse unas a otras a encontrar sus propios valores éticos en esta amistad.

Tal vez te descubras pensando en una ocasión en la que tu hijo no quiso compartir un juguete o pegó a otro niño que quería quitárselo. Si es así, puede que te preguntes: *¿Dónde está mi sentido ético natural?* Te lo explicaré.

Los niños no siempre quieren tener en cuenta a los demás, al igual que los adultos. También quieren ser autónomos y esta necesidad puede entrar en conflicto con su deseo de vivir en perfecta armonía y ser respetuosos con los demás. Pero podemos ayudar a nuestro hijo a manejar estas necesidades opuestas. No es fácil expresar las necesidades de uno y tener a la vez en cuenta los deseos de otro.

A los niños les gusta recibir regalos. Es verdad. Y su codicia aumenta sin duda ante el montón de objetos superfluos que ven casi a diario en las tiendas y la televisión. Una de las cosas que nos preocupa a los padres y educadores es si nuestros hijos son demasiado codiciosos por quererlo todo. Pero no tienes por qué preocuparte. La alegría de tu hijo al ver tu cara de deleite cuando te regala un dibujo o al ofrecerte té en una tacita de juguete habla por sí sola. Y de mayores siguen reaccionando del mismo modo. He advertido que cada año en la Fiesta de San Nicolás que se celebra en Holanda el 5 de diciembre, mis hijos que ya son adultos y yo nos preocupamos mucho más de cómo serán recibidos nuestros regalos y poemas que de los que nos regalarán. En esta clase de momentos lo más importante es la necesidad básica de hacer felices a los demás. Marshall Rosenberg lo expresa así: «No hay mayor alegría que la felicidad de ver que los demás son felices».

Ahora bien, si decidimos dejar que nuestros hijos desarrollen su sentido ético innato, tendremos que armarnos de paciencia y saber controlarnos. En primer lugar, observaremos su modo de obrar sin apresurarnos a sermonearles. Lo cual significa confiar en ellos y darles espacio. Los niños necesitan tiempo para desarrollar su sentido ético natural. Aunque les demos ejemplo con nuestra conducta, también entran en contacto con la violencia de los adultos en la calle y en la televisión. No es fácil orientarse en medio de esta confusión o confiar en el propio criterio en cuanto uno lo tiene.

Darles espacio significa que aceptamos que cada niño es como es. Cada niño es único, al igual que los adultos. Nunca lograremos que nuestros hijos sean idénticos a nosotros.

¿Podemos aceptar la falta de conciencia de los niños, sus rarezas, su testarudez y su pasotismo? No tenemos por qué alegrarnos de su conducta y actitud. Pero mientras no intentemos hacerles cambiar, tenemos todo el derecho a decirles cómo nos gustaría que obraran. Al fin y al cabo, tienen que aprender, hacer nuevos descubrimientos y madurar por sí mismos. Nosotros sólo podemos ayudarles haciéndoles sugerencias. Aunque dependerá de ellos que las acepten o las pongan en práctica.

Cuando mi hija pequeña tenía ocho años descubrí que leía con sus amigas una revista que me pareció inadecuada para su edad. Después de leer yo una, le dije que los artículos y los temas de la revista le impactarían demasiado o que aún no los entendería y que podrían confundirla. Me respondió que la revista le «gustaba» y que no me preocupara. Le pedí que no la siguiera comprando o que si la veía en alguna parte no la leyera, porque prefería que fuera así. Pero no le hice sentir como si hubiera hecho algo malo ni la castigué rompiendo la revista o retirándole la paga. Otro día me la encontré leyendo de nuevo la misma revista. Pero no la premié comprándole otra distinta si me prometía no seguirla leyendo durante tres años. Respeté su curiosidad y su deseo de descubrir sensaciones y experiencias nuevas y le dije claramente lo que pensaba al respecto. Pero ya no me acuerdo de lo que pasó. Y me olvidé del asunto. Creo que en una o dos ocasiones más vi otro ejemplar de la revista en casa, pero al final quizá dejó de atraerle. O tal vez mis palabras y mi actitud le hicieron cambiar de opinión. Los niños están abiertos al conocimiento y la sabiduría de los adultos con los que se sienten unidos emocionalmente. Cuanta más libertad y espacio les demos, más nos abrirán su corazón y más reconocerán su propia sabiduría en la de su alrededor.

EJERCICIOS

Más abajo encontrarás una lista de veintidós cualidades. No las veas como unas etiquetas fijas que pueden caracterizarte o no, sino como virtudes que has ido desarrollando a lo largo de la vida. Seguramente las reconocerás todas, pero ¿cuáles son las que crees haber desarrollado más que otras? Si por ejemplo marcas la de «tolerante», ¿en qué circunstancias te resulta fácil tolerar algo desagradable sin quejarte y cuánto te cuesta hacerlo? ¿Has desarrollado esta cualidad siguiendo el ejemplo de tu padre o de tu madre? ¿Te premiaban si eras tolerante o te castigaban si no lo eras? ¿Te ha influido esto en cómo te sientes ahora cuando manifiestas esta cualidad?

servicial	valiente
sencillo	pulcro
digno de confianza	diplomático
agradecido	fiel
respetuoso	responsable
justo	tolerante
flexible	indulgente
paciente	generoso
leal	veraz
compasivo	bondadoso
sincero	considerado

- Visualiza a un niño o una niña que conozcas bien. ¿Qué cualidades de las que he citado tiene? ¿Qué piensas sobre ello? ¿Estas cualidades le salen de dentro? ¿O imita el ejemplo de sus padres (quizás el tuyo)? ¿Es una conducta condicionada? ¿O es una mezcla de ambas cosas? ¿Cómo lo sabes?

- ¿Te gustaría que tus hijos desarrollaran alguna de tus cualidades, por ejemplo la bondad? ¿Cómo lo has intentado conseguir hasta ahora? ¿Te gustaría intentarlo con otro método? ¿Cómo?

5

Normas y acuerdos

¿Para qué sirven las normas? ¿Funcionaría la sociedad sin ellas? ¿Si alguien quebranta una norma se le debe castigar? Este tema plantea muchas preguntas. Veamos si puedo responder algunas.

Tenemos normas y también acuerdos. A mi modo de ver, son dos cosas radicalmente distintas, pero he advertido que ambas palabras se suelen usar indistintamente. Por ejemplo: «¿Por qué no has lavado la ropa? ¿Te has olvidado de nuestro acuerdo?» puede significar: «¡Te dije que lavaras la ropa y no lo has hecho!» Pero a este mensaje yo no lo llamaría un acuerdo sino una demanda. Si tu hijo se ha ofrecido para lavar la ropa hoy, o al menos lo habéis acordado, y no lo ha hecho, significa que no ha cumplido con vuestro acuerdo.

Un acuerdo es, a mi modo de ver, una decisión tomada por consenso por las partes implicadas después de haber sido consultadas sobre las posibilidades existentes. Una norma, en cambio, la establecen una o más personas para un grupo mayor de gente. Al resto del grupo no le consultan si está de acuerdo con ella o no.

En nuestra sociedad necesitamos normas. Un ejemplo claro son las normas de circulación. Saber qué sentido del tráfico tiene prioridad es muy útil. Esta norma está pensada para crear claridad y seguridad. ¿Acaso no sería maravilloso que todo el mundo respetara el código de circulación? Por desgracia no es así.

Intentamos evitar accidentes, por ejemplo, si un coche viene por la izquierda (en un país donde se conduce por la derecha), mantenemos el pie sobre el freno sin tocarlo por si el conductor no nos cediera el paso. Esto también se convierte en una norma que nos enseñan en las autoescuelas.

La violación del código de circulación se penaliza con multas e incluso con el ingreso en prisión. La amenaza de ir a la cárcel ¿influye en tu conducción? ¿O respetarías las normas de circulación aunque no hubiera multas ni la posibilidad de ir a la cárcel? Y ¿por qué? ¿O te las saltas sin tener en cuenta su objetivo (proteger la seguridad vial)? A mí al menos estos castigos me influyen. Donde sé que hay vigilancia respeto el límite máximo de velocidad establecido, y si no la hay me lo salto dependiendo de distintos factores. Cuando la carretera está despejada conduzco a 130 kilómetros por hora. Y si estoy cansada o viajo con alguien que se angustia si circulo a esta velocidad, voy a 100 kilómetros por hora, al igual que si hay niebla o la calzada está resbaladiza. Me encanta conducir a mi aire, pero para mí también es importante que tanto yo como las personas que viajan conmigo lleguemos sanos y salvos a casa.

En las autopistas alemanas hay tramos donde está prohibido rebasar los 100 kilómetros por hora. A mí me parecía ridículo hasta que alguien me contó que a lo largo de estos tramos hay zonas residenciales y que los automóviles al reducir la velocidad hacen menos ruido y contaminan menos el aire en ellas. Desde que me enteré siempre procuro no sobrepasar el límite de velocidad cuando circulo por estas zonas. Si la motivación me sale de dentro me resulta más fácil respetar las normas de circulación.

Las multas se pueden describir como una motivación procedente del mundo exterior: el intento de obligarnos a respetar una norma. Circulamos obedientemente a 120 por hora para que no nos pongan una multa. O en otra situación, un niño decide no copiar en un examen por miedo a que le suspendan. Aunque yo preferiría que lo hiciera por la curiosidad de ver la nota que saca sin copiar. O que dejaran a los niños ver las respuestas del compañero de al lado sin castigarles (para que pudieran, por ejemplo, compararlas con las suyas).

Sí, es cierto, los niños necesitan seguir unas normas, pero yo defiendo la educación no autoritaria. No me refiero a dejar que se eduquen solos y hagan lo que se les antoje, pero tampoco creo que deban hacer lo que yo les diga sólo porque soy la que manda. Los niños necesitan claridad. Si conocen sus límites, se sentirán seguros. Saben lo que pueden esperar y esto les da tranquilidad. A los niños pequeños les ofrecemos esta claridad decidiendo por ellos en algunos casos, como, por ejemplo, eligiendo la taza con la que beberán. A veces es importante explicarles las cosas, como por qué no queremos que metan las manos en el váter después de hacer pipí. A los niños de más edad podemos explicarles claramente lo que queremos y lo que valoramos. En esos momentos es importante estar en contacto con ellos y observar cómo reaccionan ante nuestras palabras y acciones. A veces para gozar de un poco de paz y tranquilidad les soltamos reproches sin darnos cuenta, por eso debemos intentar evitarlo estando con la antena puesta.

La instigación de normas tiene que ver con el poder. Marshall Rosenberg diferencia la «fuerza punitiva» de la «fuerza protectora». Con la fuerza punitiva juzgamos algo. Creemos que algo no debería hacerse y al castigar a quien lo perpetra intentamos evitar que se repita. La fuerza protectora, en cambio, se usa para intervenir cuando hay un peligro. Si nuestro hijo quiere cruzar la calle y vemos que viene un coche, lo obligaremos a subir a la acera agarrándolo del brazo para protegerlo de un accidente. Pero si le agarramos más fuerte de lo necesario soltándole: «¡Te he dicho que mires antes de cruzar la calle! ¿No has visto que venía un coche?» estaremos añadiendo un castigo a nuestra protección.

No siempre es fácil saber si estamos ejerciendo una fuerza protectora o no. A mi modo de ver, usamos una «fuerza protectora» cuando intentamos colmar las necesidades básicas de un niño al estar convencidos de que es incapaz de hacerlo por sí mismo en ese caso. Podemos, por ejemplo, obligar a un alumno a sentarse en un determinado asiento del aula cuando damos ciertas materias porque hemos advertido que de lo contrario revoluciona la clase entera. Para algunas personas el orden es un requisito esencial en el aprendizaje. Yo soy de esta opinión. O tal vez veamos la situación con la sabiduría que da la experiencia. O quizás estemos hartos y cansados del jaleo que arma un alumno si le permitimos sentarse donde él quiera. También podemos ser conscientes de estar protegiendo nuestra propia paz y tranquilidad. Saber por qué promovemos normas y cómo éstas afectan la motivación interior de los niños nos ayuda, tanto a los profesores como a los padres, a ser más selectivos en cuanto al uso que hacemos de la fuerza cuando enseñamos o criamos a los niños.

He descubierto que las normas que vienen de arriba, cuando no existe un vínculo respetuoso entre las partes implicadas, sólo se pueden mantener con una continua «política» a base de premios y castigos. Los niños tienden a respetarlas mucho más si entienden para qué sirven, aunque esto no significa que siempre debamos explicárselo todo. Si nos tomamos a nuestros alumnos en serio y estamos en todo momento receptivos para ver cómo se sienten, confiarán en que lo que les pedimos es razonable. A veces hacer lo que alguien te pide es agradable, te permite prestar atención a otras cosas.

A los niños se les puede poner normas a partir de los tres años, aunque si las pactamos con ellos yo las llamaría más bien acuerdos.

Los adolescentes necesitan algo contra lo que rebelarse y los límites que les fijamos con nuestras normas son ideales para ello.

Pero si los límites son como unos muros rígidos tan altos que nos impiden vernos los unos a los otros, no nos traerán nada bueno, ya que crearán dos campos sin ningún tipo de comunicación entre ambos. Los límites que les pongamos deben ser como vallas que delimitan el espacio de nuestro jardín. Éstas nos permiten ver y oír a nuestros vecinos. Los límites son visibles y a la vez flexibles. También podemos añadir una verja para salirnos de los límites de vez en cuando si lo juzgamos conveniente. Y hablar con nuestros hijos adolescentes sobre si hay situaciones en las que no nos importaría que se saltaran la valla. Y, además, podemos modificarla si las circunstancias lo requieren. Lo importante es que la comunicación entre los dos campos no se quiebre.

Supón que somos una pareja que hemos decidido que nuestros hijos no deben levantarse de la mesa hasta que hayamos terminado de comer ni interrumpirnos mientras conversamos. Pero el pequeño de cinco años se salta esta norma cada día. Le hemos castigado mandándole a su habitación, y premiado permitiéndole volver si nos hace caso. Esperábamos que viera que si cumplía la norma saldría ganando. Pero sigue levantándose sin pedirnos permiso, haciendo el payaso, rompiendo cosas y jugueteando con la comida. En este caso es mejor que nos preguntemos si al poner esta norma estábamos sólo pensando en nuestra propia paz y tranquilidad. ¿Tuvimos en cuenta que satisficiera también las necesidades de nuestro hijo pequeño? A lo mejor necesita afecto, intimidad y atención, sobre todo a la hora de comer. Podemos observar cómo se comporta si cambiamos de táctica diciendo una oración o un antiguo proverbio antes de comer, y decidiendo luego con él con qué acompañará el pan y dejando que nos cuente cómo le ha ido el colegio o que nos hable de sus amigos. Si ve que tenemos en cuenta sus deseos, lo más probable es que deje de intentar llamar la atención continuamente. Descubrirá que le queremos, aunque estemos conversando mientras él come en silencio. Si este método no funciona, seguiremos investigando. ¿Podemos ajustar nuestro objetivo de «comer en paz y tranquilidad en un ambiente donde nos sintamos a gusto»? La solución podría ser centrarnos en nuestros hijos mientras comemos. Así podrán levantarse de la mesa cuando hayamos terminado de comer, permitiéndonos disfrutar a los padres de una conversación tranquila. Si estamos dispuestos a renunciar a la idea de que «debemos asegurarnos de que nuestros hijos respeten las normas a base de premios y castigos», aparecerán de pronto toda clase de posibilidades.

Volviendo a la imagen de la valla del jardín, a veces los padres no queremos poner una valla entre nuestros hijos y nosotros y dejamos la verja abierta para poder sentarnos juntos en el césped. Como cuando estamos, por ejemplo, hartos de hacer de policía en las comidas y queremos explorar si podemos llegar a un acuerdo. Nos reunimos para decir lo que es más importante para cada miembro de la familia. Al que ha cocinado la comida con amor y celo le gustará que su familia se la coma antes de que pase media hora para que no se enfríe. Y, además, queremos cenar juntos para contarnos cómo nos ha ido el día. A lo mejor podrías dejarle a tu hijo pequeño algo al lado del plato con lo que jugar y ver si este método os ayuda o no a comer en un ambiente tranquilo. O probar si puede jugar a vuestro lado sentado en silencio en el suelo, disfrutando de vuestra compañía mientras coméis. A los niños les encanta el cálido ambiente que se crea en las comidas, pero no suelen decírnoslo. Y los niños más mayorcitos ya se valen por sí solos. Como tal vez necesiten un poco más de tiempo para acabar lo que estaban haciendo, si se sientan a la mesa con unos minutos de retraso no les riñas. Prueba distintas soluciones hasta encontrar la forma de contentar a todos. Y no es necesario que siempre se haga hablando. Sobre todo si tienes hijos pequeños, experimenta con distintas opciones para ver cuál es la que mejor os funciona. Recuerda que lo importante es satisfacer las necesidades de todos los implicados.

A lo mejor decides que no quieres organizar las comidas siempre de la misma forma. Al desterrar la idea de que «los niños no se deben levantar de la mesa» dejas más espacio para la creatividad. Si habéis llegado a un acuerdo, no vuelvas a discutir por el primer detalle que se salten. No, un acuerdo es un acuerdo. Si una de las partes no lo cumple, podéis recordaros los unos a los otros el acuerdo con una petición como: «¿Podrías no levantarte aún de la mesa? No he terminado de comer». O hacerlo con una broma o un recordatorio. Pero sin acusaros ni utilizar siquiera el mismo tono de antes. Si los acuerdos se incumplen más de lo que quisieras, volved a analizar juntos las necesidades de cada uno y si es necesario, modificad el acuerdo para que funcione mejor.

En este caso ya no tendrás que felicitar a tus hijos por no levantarse de la mesa y comer sin alborotar. Y ellos respetarán esta norma porque eso es lo que han acordado contigo y no para oír tu sarta de elogios.

Si mientras leías los párrafos anteriores te decías: «*Todo esto lleva demasiado tiempo*», ten en cuenta que esta inversión de tiempo te será de lo más rentable. En cuanto tus hijos vean que en las comidas también se tienen en cuenta sus necesidades, ya no intentarán llamar la atención. ¿Te imaginas el tiempo que ganarás al no tener que pensar más en lo que puedes hacer para que no se levanten de la mesa ni en los métodos para que te hagan caso? Además, es mucho más agradable intentar encontrar una solución juntos que hacer de policía.

EJERCICIOS

- ¿Respetas tú las normas? ¿Cuándo te cuesta seguirlas y cuándo te resulta fácil? Habla con otras personas al respecto. ¿Qué crees que es necesario hacer para vivir con ciertas normas sin recurrir a los premios ni los castigos?

- ¿Había una norma que de pequeño te costase respetar? ¿Qué te gustaría decirles a tus padres o profesores sobre ella y tu dificultad para seguirla? Si lo deseas, imagínate que mantienes esta conversación con tus padres o con el adulto que intentó imponértela.

- Observa a fondo las normas impuestas en tu casa o en el trabajo. Elige las que vienen de arriba (tanto si las has puesto tú como otra persona) y las que crees que podrían convertirse en un acuerdo pactado. Invita a las partes implicadas a reuniros, diles que estás leyendo este libro y que te gustaría hablar sobre el tema de las reglas. Diles que has elegido una para ver qué les parece, porque no te gusta imponer a los demás cómo deben comportarse.

  Descubre cómo te va.

- Imagínate a la familia ideal. ¿Impondría normas y si fuera así, cuáles serían? Escríbelas si lo deseas. También te puedes imaginar el colegio o la guardería ideales, o el departamento infantil perfecto de un hospital. En realidad puedes hacer este ejercicio en cualquier lugar donde los niños «se formen» en todos los sentidos de la palabra.

6

¿Existe lo «correcto» y lo «incorrecto» (y lo «bueno» y lo «malo»)?

Más allá de las ideas de lo que está mal y lo que está bien
hay un prado. Allí nos encontraremos.

Rumi

En la actualidad suelo leer o escuchar que lo correcto y lo incorrecto no existe. He reflexionado sobre ello y lo he consultado
con los amigos. Si digo que uno más uno son dos ¿tengo razón?
Y si afirmo lo contrario ¿estoy equivocada? La mayoría de las
personas estarían de acuerdo conmigo. Pero siempre habrá alguien que sostenga con expresión seria: «¡Pues no siempre es así!
Hace poco convertimos dos habitaciones pequeñas de nuestra
casa en una grande, o sea, que en ese caso uno más uno son uno».

Hay cosas con las que la mayoría coincidiríamos en que son
«correctas» o «buenas». Por ejemplo, es una «buena» idea cerrar la
puerta de casa echando el cerrojo antes de acostarnos. Aunque…
hace poco me olvidé de hacerlo y mi hijo, que vive en otra ciudad,
vino sin avisar en mitad de la noche. A la mañana siguiente me
dijo: «¡Suerte que no habías echado el cerrojo! De lo contrario te
habría hecho levantar de la cama para que me abrieras».

Las palabras «bueno», «malo», «correcto» e «incorrecto» expresan juicios de valor.

En algunas situaciones no tengo ningún problema en deter-
minar si algo es correcto o incorrecto. A veces es fácil verlo, porque algunas cosas son buenas o malas, se miren como se miren.

Si un niño quiere dibujar un cuadrado y empieza a trazar un ángulo de 100 grados, nunca será un cuadrado. Cometer errores cumple una función: aprender de ellos. Tanto si alguien le dice que un cuadrado siempre tiene cuatro ángulos de 90 grados, como si lo ve en un libro o lo descubre por sí mismo, siempre aprenderá de su error. Como la palabra «incorrecto» tiene unas connotaciones negativas en nuestra sociedad, prefiero usar la palabra «error» o «equivocación».

El problema está en que cuando decimos correcto/incorrecto, bueno/malo, listo/estúpido, deberías/no deberías, es porque así lo creemos. «Deberías terminar los estudios». «No está bien que leas en la cama cuando tus padres creen que estás durmiendo». Cuando emitimos estos juicios, estamos implicando que somos los que tenemos razón. Les negamos a los demás el espacio para pensar de distinta manera.

En cambio si empezamos la frase con «creo» es muy distinto, en este caso estaremos expresando nuestro punto de vista (aunque también estemos juzgando algo). Decimos «creo» y luego lo unimos a una petición. «Creo que sería mejor que terminaras los estudios. Yo de ti me lo pensaría.»

Las palabras «correcto» e «incorrecto» adquirieron las connotaciones que tienen en la actualidad cuando empezamos a *premiar* lo correcto y a *castigar* lo incorrecto. Estas connotaciones se vuelven más tendenciosas cuando no tenemos claro lo que está «bien» y lo que está «mal», y lo que nosotros *creemos* que está «bien» y «mal». Al premiar lo que está bien y castigar lo que está mal se nos suben los humos a la cabeza en el momento en que hacemos algo «bien», y deseamos que nos trague la tierra cuando hacemos algo «mal». ¿Cómo podríamos reemplazar estas palabras por otras? De ese modo nos acostumbraremos a la idea de que si hacemos algo «mal» no es el fin del mundo. Al decir «mal» me refiero a hacer algo sin querer o que no ha tenido el efecto deseado.

Hace poco fui a una fiesta donde una mujer con un acordeón nos iba a enseñar a los invitados a bailar. Nos dijo que los errores no existían, que no eran más que variaciones sobre un mismo tema. Su observación me quitó un gran peso de encima. Ya no podía decirme a mí misma: «No sé bailar» o «¡Qué patosa soy!, lo he hecho mal otra vez». Al final nos lo pasamos en grande y todos nos reímos con las distintas «variaciones».

Marshall Rosenberg usa los términos «enriquecen la vida» y «nos alejan de la vida» al referirse a las formas en que nos comunicamos unos con otros. Si le decimos a alguien: «Siempre llegas tarde. No te importa hacerme esperar, ¡eres un egoísta!», significa que estamos alejándonos de la vida, que nos hemos cerrado al hecho de que la otra persona es un ser humano con sentimientos. Al lanzarle este reproche sin miramientos y sin importarnos lo que le ha podido ocurrir, la estamos viendo como un objeto que no está relacionado con nosotros. Pero más tarde, al entrar en razón (la expresión misma indica que estábamos alejados de nosotros mismos), es cuando nos damos cuenta de que le hemos hecho sufrir.

Pero si en su lugar le preguntamos: «¿Cómo es que has llegado más tarde de lo acordado?», conectamos con lo que le pasa. Estamos haciendo algo que enriquece la vida porque tiene un efecto estimulante. Aceptamos a la otra persona como es y le mostramos que estamos interesados en lo que le ha impedido llegar puntual.

Es decir, ponte en su piel antes de criticarle. Si ve que le tienes en cuenta, tenderá más a escuchar tus críticas.

Pero hay otra forma de abordar lo que está bien y lo que está mal. En los libros de Marshall Rosenberg hay algunos ejercicios con distintas soluciones válidas. Por ejemplo, en las respuestas, escribe: «Si has rodeado este número (opción A) con un círculo, estamos de acuerdo en que…», o: Si has rodeado este número (opción B) con un círculo, no estamos de acuerdo en que…». De este modo nos señala que no existe tal cosa como una verdad absoluta. Nos está diciendo que llegó a la conclusión que nos ofrece basándose en sus conocimientos y experiencias.

Pruébalo por ti mismo. Supón que un niño al hacer este cálculo: 133 + 64 – 57 le sale 130 en total. No le digas que lo ha calculado mal. Pregúntale por ejemplo: «Caramba, a mí me ha dado otra cantidad. ¿Cómo has sacado la tuya?»

Volviendo al tema de la vecinita de la puerta de al lado de la que he hablado en el capítulo 3, cuando iba a su casa para cuidarla me descubría diciéndole: «¡Muy bien!» Pero ahora me he acostumbrado a exclamar: «¡Lo has logrado!» o «¡Sí!» cuando, por ejemplo, después de esforzarse mucho consigue ponerse los zapatos o logra que las piedras que lanza desde una distancia de dos metros vayan a parar al agua. Tal vez te preguntes qué diferencia hay en emplear estas palabras, ¿acaso la intención no es lo que cuenta? Uso estas palabras en particular porque «¡Lo has logrado!» expresa mejor lo que quiero decirle. Si le digo: «¡Muy bien!» le estoy dando mi aprobación. Decido que es «buena» porque ha hecho algo que antes no sabía hacer, con lo que le estoy dando a entender indirectamente que siga aprendiendo y que intente dar lo mejor de sí misma. Porque de lo contrario…

Pero puedo ver y sé perfectamente que no necesita mi aprobación, que con estas palabras sólo estoy siendo un obstáculo en su progreso. Se pone sola los zapatos porque le gusta valerse por sí misma. Y cuando lo consigue, me alegro por ella. Cuando le digo: «¡Lo has conseguido!» o «¡Sí!», lo estoy celebrando con ella. Cuando intentamos lanzar piedras al agua, nos alegramos si acierta. Pero tanto le da que las seis primeras piedras hayan ido a parar al césped, porque lo hace porque sí y no con un objetivo en mente.

En una ocasión traduje al inglés un artículo que había escrito sobre el asombro. Un amigo mío británico se ofreció a revisarlo para pulir mi inglés donde fuera necesario. Me sugirió cambiar todo tipo de palabras y frases. Revisó el texto concienzudamente, me hizo preguntas. Procuró elegir las palabras más adecuadas para lo que yo quería expresar. Disfruté mucho trabajando con él. No me dijo ni una sola vez que me hubiera equivocado. A pesar de haber traducido antes varios libros del inglés al holandés, me encantó esta oportunidad de repasar mi inglés. Mi amigo no me estuvo señalando mis errores, simplemente compartió conmigo sus conocimientos de inglés. Me hizo sugerencias. A veces no estaba de acuerdo con él porque me sugería una palabra que no transmitía exactamente lo que yo quería decir. No paramos hasta quedar los dos satisfechos con la traducción. Fue tan divertido que el tiempo se nos pasó volando. Nos llevó dos horas revisar el texto y ni siquiera nos dimos cuenta.

Cuando usamos las palabras «bueno» y «malo» corremos el riesgo de enzarzarnos en una discusión. Si yo le digo a alguien que nunca compra comida ecológica, que es buena para su salud, lo más probable es que me lleve la contraria. Oirá: «La comida ecológica es mejor que la basura que comes». Y quién sabe, tal vez sea esto lo que le esté dando a entender. Pero también podría referirme a que la comida ecológica me encanta. En este caso estaría hablando de mí. ¿Por qué tendría que comparar mis hábitos alimenticios con los de los demás? He descubierto que las comparaciones no me hacen más feliz, y prefiero ser feliz a tener la razón. En holandés sólo hay una pequeña diferencia entre las palabras «razón» y «felicidad»: «gelijk» y «geluk».

Por desgracia, siempre se ha criado a los niños comparándolos con otros. Es posible que las notas del colegio se hayan concebido para saber hasta qué punto dominan una asignatura. Pero yo siempre he tenido mis dudas al respecto. Creo que las notas dependen sobre todo de que las preguntas del examen tengan que ver con el contenido de las lecciones que el niño recuerda. Y en las preguntas abiertas las notas dependen del criterio y de la interpretación del profesor.

En una familia también se hacen comparaciones entre hermanos y hermanas, y con los niños de los vecinos y los amigos. «Un niño de cuatro años tiene que saber ir al lavabo solo. El mayor ya lo hacía a esa edad.» También comparamos lo que hace un día un niño con lo que ha hecho en otro. «Si ayer se limpió el culito sola, ¿por qué no lo hace hoy?»

Se me ocurren toda clase de razones por las que hoy no lo ha hecho. Pero ésta no es la cuestión. Lo que quiero decir es que cada persona y, por lo tanto, cada niño, es como es en el presente. Ésta es la realidad me guste o no, no puedo cambiar a la gente por más que lo desee. Por eso intento aceptar lo que veo y oigo como lo «dado» sin juzgarlo. En el fondo quiero decirle «sí» a cada niño para animarle a confiar en su creatividad y en su capacidad de aprendizaje.

Espero que este capítulo te inspire a dejar de hacer comparaciones y a buscar otras alternativas. Los siguientes ejercicios están pensados para ponerlo en práctica. En el capítulo 11 encontrarás más sugerencias al respecto.

EJERCICIOS

- Imagínate que vives las situaciones que describo a continuación. ¿Cómo reaccionarías sin pensar o usar las palabras bueno/correcto o malo/incorrecto/estúpido? Y sin decir cuál habría sido la mejor respuesta.

1. María acertó 3 de las 10 preguntas de la prueba de geografía porque había estudiado el capítulo 2 en vez del capítulo 3.

2. Juanita se ha chamuscado la manga con una llama mientras encendía las velas.

3. Tim se ha lavado los dientes sin siquiera tener que pedírselo.

4. Al volver del supermercado cargada con una bolsa llena de comida, tu hijo se ofrece a prepararte un té.

5. Patricio en lugar de colgar el abrigo lo ha dejado tirado en el suelo en la sala de estar.

- Piensa en un objeto que te alegre la vida. Algo que te pertenezca o uses a diario. Piensa durante un momento en lo feliz que te hace.

  Compáralo luego con otros objetos parecidos que sean más bonitos, mejores o útiles que el tuyo. ¿Sigue haciéndote tan feliz como antes o la comparación te ha afectado?

- ¿De cuál de tus cualidades es la que más te enorgulleces? Siéntate en silencio y disfruta por poseer esta cualidad o por todo lo que te ha aportado. Si te sirve de ayuda, escríbelo.

  Compárate ahora con otras personas que también tengan esta cualidad, pero que hayan conseguido más cosas que tú con ella. Tal vez incluso las ha hecho famosas. A lo mejor conoces a alguien tan franco como tú que sin embargo tiene más tacto y no se enzarza en discusiones tan deprisa. Si reflexionas un poco sobre ello, advertirás que la satisfacción que sentías al principio se ha transformado en descontento.

7

Disciplina democrática

La gente suele reaccionar a mi inusual forma de ver los premios diciendo: «Aunque los premios sean una especie de castigo y tengan toda clase de desventajas, si dejo de dárselos a mis hijos tendré problemas. Sé que no les gusta la disciplina, pero como adulto debo asegurarme de educarlos bien».

Entiendo esta preocupación. Si estamos acostumbrados a ser la figura de autoridad y a disciplinar a nuestros hijos desde esta postura, dejar de premiarles significa dejar de representar este papel sin tener ningún otro para reemplazarlo. Tememos que la situación se nos vaya de las manos, una perspectiva que nos inquieta. Quizá ya aflojamos las riendas en alguna ocasión, pero el resultado siempre fue un caos inmediato. Dados los resultados, decidimos ser incluso más estrictos aún. Pero esta postura también era difícil de mantener y nuestros hijos acabaron saliéndose con la suya de vez en cuando. Es como viajar en un tren que ha salido de la estación de la disciplina autoritaria para dirigirse a la estación de la claudicación. La comparación procede de Aletha Solter, una psicóloga del desarrollo estadounidense. Por lo visto no nos queda más remedio que ir sin cesar de una a otra de estas estaciones. Pero ¡un momento! En medio de ambas hay otra que no hemos visto. Podemos apearnos en ella y dar un paseo por los *Bosques de la disciplina democrática*. Solter usa la palabra «democrática» en el sentido de «tener en cuenta la reacción de los implicados». En estos bosques nos encontramos con toda clase de cosas, como responsabilidad, interdependencia, creatividad, aceptación y respeto, cooperación, ingeniosidad, autodisciplina, autoestima, solidaridad. Lo que estoy sugiriendo es que metamos estas habilidades y cualidades en nuestra mochila mental y al volver a casa las dejemos sobre la mesa para intentar conocer mejor esta riqueza.

La maestra de Dennis ha decidido darles más espacio a los alumnos para que desarrollen su sentido de la responsabilidad. Dennis es un niño de cinco años que a veces arma jaleo cuando no le apetece colaborar como, por ejemplo, después de la clase de educación física. Los otros niños se cambian de ropa, pero Dennis no para de correr de aquí para allá con el equipo de gimnasia gritando que va a romper esto y aquello. Su maestra sabe que no necesita a nadie para cambiarse de ropa y además está ocupada ayudando a otros niños que aún no saben hacerlo solos.

Antes le reñía o le prometía que si se cambiaba enseguida podría volver a clase caminando a su lado (disciplina autoritaria). Si esta táctica no funcionaba, acababa ayudándole a cambiarse (claudicación). Pero lo hacía con movimientos bruscos, con una actitud llena de reproches.

Ahora, en cambio, se limita a pedirle que se cambie. Acepta y respeta el alboroto que arma. Le muestra con afecto que se interesa por cómo se siente y no se ríe de él delante de sus compañeros de clase. Cuando todo el mundo ya está casi listo, le dice: «No quiero dejarte aquí solo. Ven aunque aún no te hayas cambiado». De este modo le muestra que sigue velando por su seguridad.

Ahora Dennis puede elegir cómo quiere volver a clase. Su autoestima ya no corre peligro. A los dos minutos ya se ha cambiado de ropa. Se ha hecho responsable de la ropa que lleva al volver al aula: si va con el equipo de gimnasia o con la ropa de calle. Si esta situación se repite a menudo, Dennis acabará desarrollando la autodisciplina necesaria para cambiarse de ropa a tiempo sin que su maestra le obligue a hacerlo.

He descubierto que obligar a alguien a hacer lo que yo quiero (o a que sea como yo quiero) es muy distinto de ser muy clara en cuanto a mis valores y deseos con relación a los de otra persona. Cuando lo soy veo que mis hijos progresan, porque sienten que tienen el espacio para crecer. Pueden elegir si siguen mi ejemplo o consejo, o si lo hacen a su manera. Y, además, les ayuda a ser autodisciplinados.

Mi hija, por ejemplo, tiene una forma distinta de prepararse «a tiempo» o de ser «puntual» que la mía. Me estuve preocupando por ello durante años. Intenté enseñarle a ser puntual diciéndole diez minutos antes de salir de casa todo lo que aún le quedaba por hacer. O recordándole que hiciera los deberes cuando se entretenía charlando con su hermana. Intenté inculcarle esta clase de disciplina a mi manera, porque *yo* prefiero tenerlo todo listo una hora o un día antes para quedarme tranquila, sólo entonces puedo dedicarme a leer o a salir a dar una vuelta en bicicleta.

Pero hace un par de años dejé de intentar imponerle esta clase de disciplina. (De todos modos no obtenía el efecto deseado. Y, además, hacía que me pusiera de mal humor y que le lanzara reproches.) Al principio volvía a las andadas sin querer, pero me fui fijando cada vez más en cómo ella organizaba su tiempo. Admiré la calma y el buen humor con que se preparaba, me escuchaba y me decía algo antes de salir de casa. Observé cómo hacía los deberes de matemáticas mientras los alternaba llamando por teléfono a sus amigas, dibujando, charlando y leyendo una revista. Y lo orgullosa que se sentía al enseñarme al volver a casa las excelentes notas que había sacado en el colegio.

Desde hace poco tengo la sensación de que mi hija se concentra en las tareas mejor y durante más tiempo que antes. ¿Podría deberse a que ahora lo hace con más paz y flexibilidad al dejarle yo actuar a su aire? Al fin y al cabo lo que todos queremos es sacarle el mayor provecho a la vida.

Estoy convencida de que a nadie le gusta vivir en el caos o con problemas por estar posponiendo siempre el resolverlos. A veces nos da pavor hacer algo y preferimos no pensar en ello. Y tampoco nos ayuda para nada si alguien nos da la lata cuando por fin nos disponíamos a hacer lo que nos pedía. Pero en cambio nos va de maravilla cuando alguien ve que estamos teniendo problemas y nos escucha. Protestar o decirle a alguien lo mucho que nos cuesta realizar una tarea puede ayudarnos a seguir haciéndola. A veces nos falta la motivación para cumplir con nuestras responsabilidades. Como cuando un joven deja los estudios y más tarde, a los veinte o los treinta años, los retoma yendo a clases nocturnas para poder dedicarse a la profesión que ha elegido.

En una ocasión fui la tutora de una joven de diecisiete años mientras hacía un proyecto de varios meses de duración. Tres semanas antes del día en que debía entregarlo, apenas había escrito nada. Más tarde me contó que lo que la salvó fue que yo se lo dejara hacer a su aire. Observé sus sentimientos, su lucha, consideré el tema del proyecto y le hice de vez en cuando algunas sugerencias. Si las rechazaba, le preguntaba por qué lo hacía, pero sin reprocharle ni exigirle nada y sin recordarle que debía terminar el proyecto a tiempo. Me contó que había estado haciéndose tantos reproches y exigiéndose tantas cosas, que se había quedado paralizada. Al ver el ejemplo que yo le daba, fue capaz de cambiar de chip y de adquirir la autodisciplina necesaria para entregar el proyecto a tiempo.

Según Krishnamurti, la autodisciplina viene de una combinación de libertad y orden. Por «libertad» no me refiero a «hacer lo que a uno le venga en gana», porque dependemos unos de otros para vivir. Si hacemos lo que nos place sin tener en cuenta los deseos de los demás, estaremos coartando su libertad y esta situación genera confusión como, por ejemplo, cuando un niño se pone a corretear por la clase gritando mientras sus compañeros intentan escuchar la historia que les cuenta la maestra.

La libertad de la que estoy hablando consiste en estar libre de codicia, de crueldad y del deseo de ser el mejor. Podemos demostrar con nuestro modo de actuar esta «autodisciplina basada en la libertad» y darles a los niños la oportunidad de desarrollarla. Y, además, apreciarán tu ayuda, que consiste en brindarles tu apoyo mientras descubren cómo adquirirla a su manera.

Algunas personas son más disciplinadas que otras porque tienen más facilidad para posponer el placer: primero hacen algo que no les gusta y luego lo que les gusta. Aunque a los niños a veces esto les cuesta mucho. Quieren jugar con los bloques de construcción *ahora mismo* en lugar de recoger primero los lápices de colores. Un adolescente querrá ir al cine *ahora mismo* en vez de hacer primero los deberes.

Según lo motivado que esté, será capaz o no de posponer una diversión. Dale a tu hijo la oportunidad de descubrir que recoger sus juguetes tiene sus ventajas. Advertirá que si los guarda en su sitio los encontrará sin ningún problema. No los perderá con tanta facilidad, ni se le romperán tan deprisa. Tendrá más espacio en la mesa para jugar con otras cosas. Descubrirá que su madre se alegra de que tenga la habitación ordenada. Estas ventajas estimularán su motivación interior para guardar los lápices de colores antes de jugar con los bloques de construcción. Pero como posiblemente tarde varios años en adquirir este hábito, yo más bien diría que a esas alturas serán los libros de texto en lugar de los lápices de colores lo que guarde.

He advertido que conseguir que los niños sean ordenados es para muchos padres y educadores motivo de irritación diaria. A mí también me pasaba cuando mis hijos eran pequeños. Cuando yo era niña, a mi madre le irritaba el desorden que mis hermanos y yo creábamos. Cuando hablo con los padres sobre ello, me dicen: «El que saca algo del armario debe volver a guardarlo», «Si mis hijos no aprenden a ser ordenados ahora, de mayores tendrán la casa hecha un asco», «Se les ha de enseñar de pequeños a ser ordenados», «No soy su esclava», «No soporto el desorden».

¡Cuántas necesidades básicas (véase el capítulo 3) reflejan estas observaciones! Queremos que nuestros hijos nos ayuden a tener la casa ordenada, nos preocupa que sean unos desordenados de mayores, deseamos que sean respetuosos con nosotros, nos gusta gozar de paz y tranquilidad y creemos que una habitación ordenada es más agradable.

¿Tal vez podríamos dejar que nos ayudaran a mantener la casa ordenada de otra forma de la que tenemos en mente? ¿O quizá ya lo estén haciendo? ¿Podemos confiar en que aprendan a manejar el caos a su manera? ¿Ordenamos los objetos de nuestros hijos porque ellos nos lo piden o porque es lo que nosotros queremos? ¿Podemos darles ejemplo mostrándoles que, además de gustarnos que una habitación esté ordenada, nos gusta ordenar las cosas?

Si ordenar las cosas es divertido, lo harán antes. A los niños de más o menos dos años les encanta hacerlo. Pero en cuanto los padres descubren que saben guardar los bloques de construcción solitos y empiezan a presionarlos para que lo hagan, deja de ser divertido para ellos. Si te obligan a hacer algo, pierde su encanto. En muchas familias hay una lucha por el poder antes de que un niño cumpla siquiera los tres años. Es una pena y no tiene por qué ser así.

Aunque también es posible que crea que ser ordenado sólo tiene desventajas. Ordenar sus cosas lleva su tiempo y además vivir rodeado de juguetes esparcidos por todas partes es divertido. Si dejamos de premiarle o castigarle por ello, es posible que el resultado sea distinto del que pretendíamos. Y nos llevará un tiempo acostumbrarnos a él.

Puedes, por ejemplo, decidir con tu hijo ordenar su habitación juntos una vez al día o una vez a la semana. O que lo mejor para ambos es que la ordene aquel al que le moleste el desorden. Aunque si acordáis que sólo ordene su habitación cuando le apetezca o lo crea necesario, tal vez lo haga tres veces al año.

¿Sabremos los padres esperar pacientemente a que nuestros hijos se sientan motivados interiormente a tener en cuenta nuestros deseos y a ordenar su habitación? ¿O a desear hacerlo?

Emplear una motivación extrínseca premiándoles, por ejemplo, si ordenan su habitación parece ser un método más rápido. Pero nos arriesgaremos a que acaben detestando hacerlo. Y a que sientan que hemos sido muy injustos por las veces que no les hemos premiado por no ordenarla. Incluso es posible que tengan problemas con el orden el resto de su vida al dejarlo siempre para más tarde. O tal vez se acostumbren a ser demasiado ordenados sin disfrutar con ello, ya que de lo contrario se sentirían culpables. En este caso la presión ya no les vendrá de fuera, sino de dentro.

Al ser pacientes y llegar a un acuerdo con nuestros hijos en un ambiente lleno de humor y flexibilidad (después de haber sopesado los pros y los contras de todos), les damos la oportunidad de poner en práctica la autodisciplina. Los acuerdos pactados deberán satisfacer a todos los implicados. Haz que tus hijos participen en esta clase de conversaciones aportando sus ideas y sugerencias.

Y mientras tanto puedes decidir ordenar sus cosas de vez en cuando, pero no con una actitud de: «¡Estoy hasta las narices del desorden!», sino porque te gusta ser ordenado, porque quieres dar ejemplo y vivir en paz y armonía, y una habitación ordenada ayuda a conseguirlo.

En una ocasión hablé con una madre que llevaba años intentando que sus tres hijos guardaran los zapatos en su sitio en lugar de dejarlos tirados delante del sofá después de sacárselos agitando los pies. Cuando le pregunté si lo había conseguido, me respondió con una cierta sorpresa: «No, ha sido inútil». Durante las siguientes conversaciones que mantuvimos me enteré de que cuando sus hijos no guardaban los zapatos, ella tenía todo tipo de pensamientos: «No soy más que su chacha. No tienen ni idea del trabajo que me dan. Y ni siquiera son capaces de guardar los zapatos. ¡Hay que ver!» Le pregunté si sus hijos le agradecían sus cuidados de otro modo o si le mostraban que la querían. «¡Oh, claro que sí!» Entonces fue capaz de ver el problema de los zapatos tal cual. Para los chicos arrellanarse en el sofá y descalzarse significaba estar por fin tranquilos. En cambio, para ella los zapatos guardados en su sitio significaban una sala de estar ordenada y agradable. A partir de entonces los zapatos dejaron de ser un problema. Los guardaba ella misma o esperaba a que uno de los chicos se levantara del sofá para pedirle que lo hiciera. En cuanto desapareció el ambiente tenso y conflictivo generado por los zapatos, les habló a sus hijos sobre ello de nuevo. El más pequeño, de siete años, le sugirió lo siguiente: «Si quieres mamá, me sacaré los zapatos antes de sentarme en el sofá, pero ¿podrás recordármelo si me olvido?» Otro tema para discutir sería si su madre estaría dispuesta o no a refrescarle la memoria.

Algunos padres y educadores temen que sus hijos o alumnos no aprendan nada en el colegio —por ejemplo, aritmética— si los adultos no les obligan. Pero si intentamos averiguar lo que nuestros hijos quieren para ver el método que más les conviene, les daremos el espacio que necesitan. Así aprender será tan agradable que lo harán sin tener que esforzarse apenas.

Hay colegios donde los niños pueden elegir lo que aprenderán y cuándo lo harán. Por lo visto en cuanto encuentran un motivo para aprender aritmética, lo hacen con tantas ganas que supera las que les suscitaría cualquier programa de aprendizaje. Podría ser por cualquier motivo: jugar a un juego de mesa con dos dados, aprender a manejar dinero, construir una casita en el jardín o llegar a ser arquitecto.

EJERCICIOS

- Dedica un tiempo a pensar en las siguientes preguntas. ¿Cuál es tu actitud respecto al orden? ¿Insistes en él? ¿Cómo se trataba este tema en tu casa cuando eras pequeño? ¿Lo que te enseñaron tus padres ha condicionado tu actitud con el orden? ¿Hay algo que quisieras cambiar al respecto? ¿Cómo puedes motivarte a hacerlo?

    Puedes cambiar de distintas formas. Tal vez desees ordenar más la casa, o con más frecuencia, o ser menos estricto en cuanto a ello, aunque otras personas hayan dejado las cosas tiradas por todos lados. O tal vez haya alguna otra cosa que quieras cambiar. O quizá no necesites cambiar nada.

- Fíjate si te comportas como una figura de autoridad en algún momento, ya sea hacia un niño o un adulto.

   Te pondré dos ejemplos. También puedes reemplazarlos con los tuyos si lo deseas.

- Tu hija deja la ropa sucia tirada por toda la casa y tú quieres resolver el problema. Sabes que tienes razón e intentas que te haga caso manipulándola. La castigas obstinadamente enojándote y la premias exclamando: «¡Por fin me has hecho caso, muy bien, hija!»

- Un par de alumnos tuyos están alborotando en la clase continuamente. Les pides que dejen de hacerlo. Cuando no te obedecen les prometes leerles a todos una historia durante diez minutos más si se portan bien.

   Más tarde, al volver a casa reflexionas sobre cómo podías haber manejado estas situaciones de otra manera. Apéate del Tren del Control y da un paseo por los Bosques de Otras Alternativas. ¿Qué soluciones se te ocurren?

   Escríbelas en tu diario si lo deseas.

   Imagínate levantándote de tu trono y sentándote ante tu hija o frente a tus alumnos. Pregúntales cuáles son sus puntos de vista y cómo preferirían resolver el tema. Diles cómo lo ves tú. Disfruta de las distintas opiniones y soluciones. Observa las necesidades de todos los implicados.

   ¿Podéis llegar a un acuerdo en el que aceptéis cumplir con lo pactado, tanto si tiene que ver con la ropa sucia o con estar callados en clase? Es decir, ¿podéis tener la autodisciplina para satisfacer no sólo las propias necesidades sino también las de todos los implicados?

8

Razones para hacer lo que les pedimos

Cuando premiamos a los niños conseguimos que hagan lo que queremos. Nos obedecen porque les gustan nuestros premios o elogios. En cualquier caso, acaban dependiendo de nuestras pegatinas, dinero o aprobación para sentirse bien. Tal vez, por ejemplo, se sientan orgullosos de un dibujo que han hecho si ven que nos gusta y le encuentren fallos si ven que no nos gusta. Al final la motivación para dibujar les acabará viniendo sólo del mundo exterior.

¿Es esto lo que queríamos? No, les premiábamos por creer que serían felices con ello o que les ayudaríamos a adaptarse al mundo que les rodea. Pero en realidad no lo hacíamos sólo por ellos. También nos hacía sentir bien. Nos permitía tener la conciencia tranquila. Los niños nos obedecían y reinaba la armonía.

He usado el pretérito imperfecto, pero tal vez no estemos todavía dispuestos a renunciar a los premios por gustarnos demasiado. Y, además, funcionan, ¿no? En cualquier caso, nuestros hijos hacen lo que les pedimos y se sienten felices con nuestros premios o elogios. ¿Qué opinas al respecto? ¿Ayudan los premios a hacer descubrimientos y a cooperar voluntariamente?

Pondré otro ejemplo. Supón que somos una pareja con un hijo de siete años que necesita acostarse a las siete de la tarde para poder estar bien al día siguiente. Lo hemos intentado todo: ser pacientes, enojarnos, obligarle a la fuerza. También hemos descubierto que se acuesta sin ningún problema a las siete menos cinco si sabe que le daremos un masaje en los pies durante cinco minutos. ¡Uf! ¡Problema resuelto! El método ha funcionado. Tanto nosotros como él estamos satisfechos y además se acuesta a la hora fijada. Pero esta solución tiene un par de inconvenientes. Tenemos que darle un masaje en los pies y él no lo recibe hasta que se acuesta. Si vemos que el masaje le ayuda a relajarse y a dormirse antes, ¿por qué sólo se lo damos si nos obedece? Sospecho que tanto él como nosotros disfrutaríamos más del masaje y que nuestro hijo lo aprovecharía más si se lo diésemos para que se sintiera mejor.

Éste es el primer inconveniente. El segundo es que me temo que la solución funcionará sólo por un tiempo. Un día se hartará de los masajes en los pies. O querrá que le cantemos una canción mientras se los damos. Y, además, que le leamos un cuento. Y acabará siendo un pesado ritual que deberemos seguir para que se acueste a las siete. O tal vez descubramos que al cabo de un par de semanas ya no es necesario darle un masaje en los pies para que se duerma. ¿Seguirá yendo dócilmente a las seis y media a su habitación dispuesto a acostarse? Todavía no ha entendido que si duerme las horas necesarias por la mañana se sentirá mejor.

Y ahora llegamos al meollo de la cuestión: ¿qué es lo que quiero para él cuando le pido algo a mi hijo? Citaré primero qué es lo que *no* quiero. No quiero que lo haga sólo porque se lo pido. No quiero ser la figura de autoridad que toma las decisiones por los demás. En el momento en que decido que las siete de la tarde es la mejor hora para acostarse, pierdo el contacto con el ser humano que es mi hijo, con unos sentimientos y necesidades que están cambiando continuamente. No quiero manipularlo. Aunque esto no significa que le deje hacer siempre lo que le venga en gana. En nuestro nuevo mundo sin manipulación no creo que el objetivo sea hacer todo lo que nos apetezca en cualquier momento, porque ello nos conduciría al caos y crearía situaciones peligrosas y sufrimiento. Creo que es útil aprender a tener en cuenta los deseos de los demás sin vernos obligados a hacerlo.

Me gusta cuando los niños piensan que los deseos de otras personas son tan importantes como los suyos, cuando exploran y juegan escuchando su corazón y cuando son felices porque los demás lo son: una especie de «sentimiento compartido». Lo cual me recuerda el concepto africano *ubuntu*, que significa: «Me alegro de tu existencia». En África quieren que este concepto cobre vida en las universidades donde se forman los profesores, entre otros lugares, para que los estudiantes se los transmitan más tarde a sus alumnos. Pero en Europa también hay un interés por el *ubuntu*.

En nuestra calidad de padres o educadores podemos ayudar a los niños a tener en cuenta a los demás expresando con palabras lo que vemos que hacen para que se den cuenta. Si mientras Pedro va en su triciclo destruye la casa de bloques de madera de una niña, podemos decirle: «¡Uy, la casa se ha derrumbado! María se llevará un disgusto. ¿Puedes por favor montar en el triciclo por allí?» Y entonces giramos la manivela del triciclo hacia la dirección señalada. Si Pedro vuelve para derribar la casa una y otra vez, nos está indicando que disfruta con ello. No sabe cómo derribarla sin disgustar a María. En este caso le daremos bloques de madera para que construya una casa tan alta como él quiera y la derrumbe todas las veces que desee. Aunque sin suponer que Pedro disfruta molestando a María.

Tal vez pienses: «Está bien, pero ¿de qué me sirve esto en la vida cotidiana?» Si estoy a punto de ir de compras con mi hija y le pido que se ponga el abrigo, es agradable que me obedezca. Si les pido a mis alumnos que recojan sus cuadernos para ir al gimnasio, si me obedecen enseguida se creará un ambiente tranquilo y placentero en la clase. Por eso quiero que hagan lo que les pido.

Creo que respetaremos el bienestar de los niños si sus razones para hacer lo que les pedimos son las siguientes:

- Porque quieren hacerlo y no porque deban hacerlo por obligación.

- Porque les gusta hacer algo para otra persona, desean tenerla en cuenta.

- Porque disfrutan realizando cosas juntos.

- Porque se decantan por la armonía o la tranquilidad. A veces es agradable hacer lo que alguien les pide, porque entonces no tienen que preocuparse por ello.

- Porque están deseosos de aprender y vivir nuevas experiencias.

- Porque respetan el hecho de que tú como progenitor (y sin duda como profesor), a veces desempeñas el papel de organizador. (Esta actitud de respeto sólo se dará si les demuestras que les respetas tal como son y que tienes en cuenta lo que sienten.)

- Porque confían en que los adultos saben lo que mejor les conviene a sus hijos o a sus alumnos, y que en algunas situaciones ven lo que es más adecuado para ellos.

Las frases anteriores reflejan el punto de vista de los niños. He analizado las razones por las que un niño debe hacer lo que le pedimos. Ahora invertiré la pregunta. *¿Cuáles son mis razones para pedirle a un niño que haga lo que le pido?* Las razones podrían ser las siguientes:

- Sé lo que mi hijo necesita en un determinado momento. Me hago responsable de satisfacer sus necesidades, como la de estar seguro y descansar. Quiero protegerle de cualquier desgracia (véase también la página 61 sobre la fuerza protectora). En este caso tal vez le obligue a hacerlo.

- Aparte de eso, sólo quiero que me obedezca si lo hace voluntariamente, por las razones citadas.

- En un grupo de niños, a veces es mejor que una persona tome las decisiones. Como el profesor es el líder y el que tiene una idea general de lo que más les conviene, es lógico que sea él quien tome las decisiones. La razón es para asegurarse de que sus alumnos aprendan en un ambiente agradable.

- Tu energía tiene sus límites y tú también tienes unas necesidades. A veces puedes querer que un niño te haga caso porque necesitas descansar y estar tranquilo. Ante una situación como ésta podrías usar la fuerza, aunque no es lo más aconsejable. Sé claro respecto a tu petición. Insiste repitiéndola o respaldándola con argumentos. Y no olvides que hay otras formas de satisfacer tu necesidad de descansar o de disfrutar. No creo que para lograrlo hayas de pedirle siempre algo en concreto a un niño en particular.

Ejemplo para aclarar este último punto:

Maggie y Ginette se están peleando. Las dos quieren sentarse en el mismo sillón. Martin, su padre, acaba de volver a casa del trabajo. Está reventado y lo único que quiere es dejarse caer en el sofá y escuchar música en silencio durante un rato. A los cinco minutos les pide a sus hijas que dejen de pelearse y que intenten resolver su problema. Es una petición clara. Siguen peleándose un par de minutos más. Martin ahora insiste explicándoles cómo se siente y lo que quiere. Añade: «No estoy de humor para este jaleo». Pero no le funciona. Sus hijas seguramente también están cansadas y ésta es su forma de relajarse. Martin tendrá que pensar en otra alternativa para descansar. Puede irse a otra habitación, ponerse los auriculares e ignorar la pelea, darles un par de dólares para que vayan a comprarse un helado, cambiar de táctica y salir a divertirse con ellas o cualquier otra cosa. También puede, por supuesto, gritarles y obligarlas a sentarse en distintos sillones. Pero dudo que esta última solución le permita gozar del descanso anhelado.

Este libro hace hincapié en el bienestar de los niños. Tal vez pienses: «¿Y yo qué? Yo también tengo mis necesidades». Lo sé muy bien. Y estoy convencida de que educar a los niños y velar por ellos se convierte en una tarea mucho más liviana si los padres o los profesores son conscientes de sus propias necesidades y se ocupan de satisfacerlas. Si estás cansado, asegúrate de que tus hijos jueguen más a menudo en las casas de sus amigos. O si eres su profesor, sé menos estricto sobre dar todo el contenido de las lecciones en clase. Todos saldréis ganando.

¿Cómo les indicas dónde están tus límites? ¿Sabes cuándo estás al límite y, si es así, lo mencionas? ¿Prefieres que algo no suceda pero no te importaría demasiado si ocurriera? ¿Qué es lo que quieres que tus hijos hagan tal como les dices y qué es lo que sin duda no quieres que hagan? ¿Qué decisiones te alegras de dejar en sus manos?

Mientras criaba a mis hijos advertí que el mejor sistema era la claridad. Cuando les pedía algo de verdad, me obedecían sin rechistar. Por ejemplo, para mí era importante tener varias horas libres por la noche. Durante el día me dedicaba totalmente a ellos, pero me resultaba más fácil hacerlo si por la noche me podía ocupar de mis cosas. Por lo visto lo expresaba con tanta claridad a través de mi actitud, voz y palabras que mis hijos sólo se levantaban de la cama en casos excepcionales. Pero cuando yo dudaba sobre la decisión que debía tomar y no era clara sobre lo que quería, podían quejarse durante horas. Recuerdo una ocasión en que mi hija quería que una amiga suya se quedara a dormir en casa el fin de semana. Me lo pidió de improviso y yo dudé. A pesar de decirle al final que «no», insistió varias veces aquella tarde para que cambiara de opinión. A veces yo también les decía «no» a cosas que no importaba demasiado si se las permitía o no. Y entonces gastaba un montón de energía y de atención en impedírselas. Ahora me doy cuenta de que habría sido mejor ser más selectiva con mis «noes» y dejarles experimentar lo que me pedían.

Pero tuve mi segunda oportunidad mientras cuidaba a la niña de tres años de la puerta de al lado. En una ocasión hizo una casa con las piezas del Duplo y metió los animales de juguete dentro. Cuando se cansó del juego, derribó la casa a manotazos y pisoteó los restos, lanzando con los pies las piezas por todas partes. Yo la dejé hacer. Seguramente estaba frustrada porque nada le había salido como ella quería. O tal vez ahora prefería hacer un vigoroso ejercicio en lugar de estar sentada en el suelo jugando en silencio. Cuando al poco tiempo se puso a lanzar las piezas por el aire, intervine. Sujetándole la manita, le dije con claridad: «¡No, no quiero que lo hagas! Podrías romper algo o recibir un golpe en la cabeza con una de las piezas y hacerte daño». Como fui selectiva con los límites que le puse, le resultó más fácil entender la situación. Si a los niños no les ponemos demasiados límites, me da la impresión de que los respetarán mejor.

EJERCICIOS

- ¿Cuáles son tus razones para premiar a las personas de tu vida? Piensa en situaciones en las que premiaste a alguien con algo tangible o con tus palabras. ¿Qué querías conseguir? ¿Tuvo el efecto deseado? Si lo deseas, escribe sobre ello o habla con alguien del tema.

- ¿Cuáles te gustaría que fueran las razones por las que un niño (o un adulto) haga lo que le pides? Piensa en varias situaciones. Pueden ser del pasado o también estar relacionadas con algo que te planteas pedirle.

- ¿Cuáles te gustaría que fueran las razones por las que le pides a un niño (o a un adulto) que haga algo? Puede tener que ver con el pasado o el futuro. También puedes inventarte un caso hipotético, pero es mejor que sea uno que pueda suceder.

- Describe una situación en la que traspasaste hasta tal punto tus límites que acabaste furioso, exhausto o incluso enfermo o desbordado. Observa el momento en que llegaste al límite. Si sabías que ya no podías más, ¿qué podías haber dicho o hecho para evitar esos desagradables resultados?

    No se trata de ver lo estúpido que fuiste. Nos enfrentamos a esta clase de situaciones para aprender de la vida, para aprovechar la oportunidad y sacar una lección.

9

Escuchar el «sí» en el «no» de un niño

Un no siempre significa un sí a otra cosa. No es el final sino el comienzo de una conversación.

La respuesta a la pregunta: «¿Cuál te gustaría que fuera la razón por la que un niño haga lo que le pides?» se podría resumir en: «Me gustaría que dijera voluntariamente "sí" a mi petición. Pero ¿qué puedes hacer cuando en lugar de decir "sí" responde "no"?»

Si un niño te da un «no» por respuesta puedes reaccionar de distintas formas. Puedes aceptar el no como respuesta y acceder a sus deseos, al fin y al cabo se trataba de una petición y no de una exigencia. El siguiente ejemplo ilustra cómo aceptar un no.

La madre le pide a Pedro: «¿Podrías levantarte de la cama y sentarte en la silla un momento?» «No, quiero quedarme en la cama», le responde él. Viendo que las sábanas aún están limpias, ella le sugiere: «¿Te parece bien si cambiamos las sábanas mañana?» Pedro asiente ligeramente con la cabeza y cierra los ojos.

La madre acepta y respeta el deseo de Pedro de descansar. El resultado es muy distinto del que obtendríamos si reaccionásemos a cada no de un niño diciendo: «¿Ah no?

¡Pues ya te apañarás!» O «¡Cómo que no! ¡Venga, levántate de la cama de una vez si no quieres que te obligue a hacerlo!» Al reaccionar así le damos la oportunidad de convertirse en un pequeño tirano.

A estas alturas ya habrás visto que no soy partidaria de obligar a un niño a hacer algo si no quiere ni a manipularlo por la vía indirecta de los premios o los castigos. Pero ¿cómo *podemos* reaccionar entonces?

Criar a un niño es fácil hasta que nos dice «no». ¡Socorro! ¿Y ahora qué hago? Esta tesitura me trae a la memoria una carta dirigida a Inbal Kashtan, escritora y formadora de Comunicación No Violenta, citada en su libro *Parenting from your Heart*.

Trata de Shelly y su marido, y de Grace, la hija de tres años de ambos. Grace a veces se niega a sentarse en su sillita cuando se suben al coche. La tienen que coger en brazos y meterla a la fuerza. Lo hacen para protegerla de cualquier peligro. Podrían esperar hasta convencerla para que lo hiciera sola. Pero siempre tienen prisas, como casi todo el mundo, y no se pueden permitir este lujo. ¿Qué pueden hacer entonces?

Supongamos que Shelly y su marido intentan buscar una solución que satisfaga tanto a su hija como a ellos. El secreto para encontrar un punto de contacto al oír un «no» es recordar que siempre significa un «sí» a otra cosa. No indica el final sino el comienzo de una conversación. Si procuran conectar con su hija, esta clase de conversaciones son más rápidas que pedirle amablemente que se siente en su sillita, y luego insistir y al final obligarla a la fuerza. En la etapa de probar estrategias nuevas, te aconsejo reaccionar de la forma que describo más abajo, primero en una situación sin prisas, sin la presión de verte obligado a

salirte con la tuya *ahora mismo*. Y cuando ya tengas más práctica en esta clase de conversaciones, puedes usar estas técnicas en
situaciones más ajetreadas.

Inbal Kashtan pone el siguiente ejemplo:

Shelly: ¡Es hora de ir a ver al abuelo!

    Grace: ¡NO! ¡NO! ¡NO!

    Shelly: *¿Preferirías seguir en el jardín en lugar de ir ahora?*

(En vez de oír el «no», Shelly escucha a qué le está diciendo «sí»
su hija al intentar comprender que se está divirtiendo, así como
su necesidad de jugar y poder elegir lo que prefiere hacer.)

    Grace: ¡SÍ! ¡Prefiero seguir jugando en el jardín!

    Shelly: *Te lo estás pasando en grande, ¿verdad?*

    Grace: ¡Sí!

    Shelly: Me alegro de que te estés divirtiendo tanto. Pero
lo que me preocupa es que a mí me gusta llegar a los sitios a
la hora que digo. *(En lugar de responder a su vez con un*
«no», Shelly expresa sus sentimientos y su necesidad de ser
responsable.) Si queremos llegar a casa del abuelo a la hora
que le dijimos, tenemos que irnos ahora. ¿Podrías subirte al
coche y sentarte en tu sillita? *(Shelly acaba la frase con una*
petición que le comunica a Grace qué puede hacer para satis-
facer sus necesidades.)

    Grace: ¡NO! Quiero seguir jugando en el jardín.

    Shelly: No sé qué hacer. Me gusta cuando te lo pasas
bien, pero también quiero hacer lo que le dije al abuelo.
(Shelly le muestra a Grace que tiene en cuenta las necesidades
de ambas.) ¿Podrías subirte al coche dentro de cinco minutos para que lleguemos puntuales? *(Shelly emplea una estra-*
tegia de nuevo en forma de petición que puede satisfacer las
necesidades de las dos.)

Como afirma Kasthan, tal vez no sea tan fácil. Grace podría seguir diciendo «no». Su deseo de autonomía quizá sea tan fuerte que sólo esté preparada para cooperar si le permiten pensar en soluciones que satisfagan tanto a su madre como a ella. Es asombroso lo creativo que un niño incluso de dos o tres años puede llegar a ser a la hora de buscar soluciones. Incluso quizás a Grace hasta se le ocurra cortar un par de flores del jardín para llevárselas a su abuelo, o coger el rastrillo y la pala de juguete para ocuparse del jardín de su abuelo.

A Shelly también se le pueden ocurrir algunas ideas creativas. Podría, por ejemplo, llamar a su padre y preguntarle si en lugar de ir a verle por la mañana le va bien que vayan por la tarde. Pero si Shelly está al límite y decide ir a ver al abuelo ahora mismo, también puede mantener el contacto con Grace expresándole lo que se imagina que siente su hija. Mientras la coge con calma, le puede decir: «Estás disgustada porque querías seguir jugando en el jardín, ¿verdad? Ojalá lo pudieras hacer, pero tengo que meterte en el coche porque quiero ir a ver al abuelo». Shelly lo hace sin refunfuñar y sin premiarla diciéndole: «Cuando volvamos puedes seguir jugando en el jardín. Estoy segura de que en casa del abuelo podrás jugar a algo que te guste». Tal vez sea verdad, pero Grace ahora seguramente no está interesada en ello. Lo que necesita es que su madre tenga en cuenta que está decepcionada, contrariada o enojada, o las tres cosas a la vez.

Algunos niños pueden seguir tercamente diciendo «no» por haberlos obligado en demasiadas ocasiones a ceder a los deseos de los adultos. Su necesidad de autonomía es cada vez más imperiosa y están pidiendo a gritos satisfacerla. Pero si ven que los adultos tienen en cuenta sus necesidades a menudo, que se toman sus deseos en serio, tenderán menos a negarse en redondo a colaborar. Aprenderán a confiar en las intenciones de los adultos. Descubrirán que les escuchan cuando dicen «no». No necesitarán llevar la contraria para que les presten atención y les respeten porque ya están recibiendo este trato. Así dispondrán del espacio para tener en cuenta otra necesidad: la de contribuir al placer de los demás.

EJERCICIOS

Piensa en una serie de ejemplos de situaciones en las que un niño te haya dicho «no» a lo que le pedías. Piensa (y escríbelo si lo deseas) qué le responderías según el espíritu de este capítulo. Puedes crear un diálogo como el de Shelly y Grace. O teatralizar la situación haciendo el papel de tu hijo y, otra persona, el tuyo; así podrás ponerte en su piel.

- A continuación encontrarás varias frases en las que un niño dice «no» a algo. ¿A qué podría estar diciendo «sí»?

    1. No, no quiero ayudarle a hacer las sumas.

    2. No, no quiero lavarme.

    3. No, no quiero ir a dormir.

    4. No, ella no puede jugar con mi muñeca.

    5. No, no me comeré el bocadillo.

10

Cuida primero de ti

Para mí es esencial que un niño aprenda a tomarse sus deseos en serio. Aunque le resultará más fácil si le damos ejemplo y nos tomamos en serio los nuestros. De pequeña aprendí a anteponer siempre los deseos de los demás a los míos. Pensar primero en mí era egoísta y malo. Pero poco a poco descubrí que sólo podía ayudar a los demás con entusiasmo si primero me ocupaba de mí. Ahora por fin he encontrado el equilibrio. Cuando me aseguro de gozar de la relajación y privacidad que necesito, me encanta dedicarme a los demás.

Vale, como mis hijos ya han volado del nido me resulta más fácil hacerlo. Pero cuando tienes a dos hijos pequeños correteando todo el día por casa, o una clase entera, es muy distinto. En esta situación ni siquiera tienes tiempo de pensar que quizá necesites algo de vez en cuando. No es fácil. Pero aun así, creo que es posible cuidarse.

A veces he observado a padres y profesores en mi intento de encontrar a alguien que pareciese ser relativamente inmune al cansancio o a la irritación. Un amigo mío resultó ser un ejemplo pasmoso de ello. Es escultor. Él y su mujer tienen cuatro hijos de tres a diez años. Ella está a menudo enferma y apenas puede ocuparse de sus hijos. No ganan demasiado dinero. Acaban de mudarse a una casa y él ha construido un par de habitaciones pequeñas en el altillo. Y encima, desde los diecisiete años ha vivido con el brazo izquierdo paralizado a causa de un accidente. Sólo puede utilizarlo para sostener cosas.

Cuando le conocí me sorprendió la puntualidad con la que llevaba a sus hijos al colegio. Siempre parecía tranquilo. Nunca lo he visto apresurado ni agitado. Además, siempre tiene un hueco para charlar. En una ocasión fui a visitarlo a su casa la tarde antes del cumpleaños de su hijo mayor. Estuvo hasta las doce y media de la noche decorando la casa con serpentinas, horneando el pastel y envolviendo los regalos. Mientras yo le ayudaba, charlamos y charlamos. Nos lo pasamos fenomenal sin cansarnos en absoluto; el tiempo no era un problema para él.

Le pregunté cómo se las apañaba para ocuparse de todo sin enfermar ni alterarse, a mí me parecía un trabajo de titanes. Me dijo que no suponía ningún esfuerzo para él. Disfrutaba de la vida que llevaba porque era la que había elegido. Había decidido encargarse de criar a sus cuatro hijos. No perdía el tiempo añorando su vida del pasado ni angustiándose por el futuro. Al vivir en el presente gozaba de la claridad para organizar y ocuparse de las tareas que conlleva una familia de seis miembros. Lo hacía tan bien que incluso le quedaba una hora libre casi a diario para leer o trabajar en una escultura. En los días en los que no era así, se cargaba las pilas conversando al borde de la piscina durante las clases de natación o siendo creativo mientras cocinaba. Se implica en todos los pormenores de la vida de sus hijos y ellos saben que pueden contar con él si pasan una mala temporada, temen algo o necesitan ayuda. Sabe fijar sus límites con claridad. Y a veces da la impresión de que sus hijos hacen lo que les sugiere en el acto porque es uno más de la pandilla y el líder a la vez. Confían en que lo que les sugiera será divertido o útil.

Este amigo mío es un ejemplo de alguien en quien sus hijos pueden confiar porque sabe cuidar muy bien de sí mismo.

No estoy diciendo que todo el mundo deba cuidarse del mismo modo. Las comparaciones sólo nos hacen infelices.

Citaré diversas maneras de cuidarnos. Criar a los hijos significa hasta cierto punto dar ejemplo. Si nos tomamos nuestros deseos en serio, les animaremos a hacer lo mismo. Si la tendenciosa palabra «egotismo» vuelve a hacer acto de presencia en nuestra vida, podemos recordar que no sólo nos cuidamos por nuestro propio bien, sino también por el de nuestros hijos. Siguiendo el consejo de un psicólogo, en una ocasión pegué en un espejo la siguiente máxima: «Si me cuido, éste es el ejemplo que daré a mis hijos». Hace años que sigue pegada en el mismo sitio.

- Disfruta tomando un baño caliente, yendo de compras durante una hora o leyendo. Resérvate este hueco para ti a diario. No te digas: «Lo haré cuando tenga tiempo». Te aseguro que no existe tal cosa. Si es posible, hazlo sin sentirte culpable. Sin sentir que no estás cumpliendo con tus obligaciones, de lo contrario tus hijos lo notarán, tanto si lo expresas verbalmente como si no.

- Di «no» claramente si no quieres algo. Ten compasión de lo difícil que es para tu hijo aceptar tu «no», pero sé claro al respecto. «No, ahora no puedes comer una galleta. Ya sé que te gustan mucho y que te has llevado un disgusto, pero la respuesta sigue siendo no.» Aunque se ponga a lloriquear, no hay gran cosa más que decir. «No» significa «no» y punto. Cuanto más claro seas, antes dejará de lloriquear. Verá que no le sirve de nada.

- Sé claro en cuanto a lo que necesitas cuando no te sientes bien. De pequeña creía que mi madre nunca estaba cansada o enferma. Siempre se mostraba serena, afable y atenta. A veces yo me preguntaba si sería de piedra. En algunas ocasiones se enojaba, pero yo creía que era por nuestra culpa. Era evidente que habíamos hecho algo mal. Pero más tarde comprendí que se enojaba cuando ya no podía ocultar más su descontento. Los niños en general desean cuidar de ti si no te sientes bien.

- Si estás pasando un mal momento, pídele a tus hijos o a tus alumnos que te ayuden colaborando o que hagan algo por ti. Si les vas a dar una clase de trabajos manuales, diles por ejemplo al empezar: «Hoy no me encuentro demasiado bien. ¿Me podéis ayudar dentro de lo posible para que no tenga que levantarme? Si os hace falta algo, venid a decírmelo que os echaré una mano».

- Acepta la ayuda que los adultos te ofrecen de corazón. Si nadie te la ofrece, pídesela. Busca a la persona adecuada para pedírsela y asegúrate de que tenga el tiempo y el espacio para ello. Cuando mis hijos estaban en primaria estuve muy enferma durante una temporada. La gente me decía que se alegraba de que yo aceptara su ayuda sin avergonzarme o que se la pidiera sin habérmela ofrecido. Pero si alguien a quien conoces está pasando una mala racha, te pones en su lugar y quieres echarle una mano, ¿no? Si alguien te dice sin rodeos la ayuda que necesita de ti, te sientes aliviado.

- En momentos difíciles sigue los consejos que les darías a tus amigos si se encontraran en una situación parecida. «Mañana será otro día», «No te preocupes tanto», «No te lo tomes tan a pecho. Reír es lo mejor que hay». Cuando alguien te suelta una de estas frasecitas no sirve de gran cosa. Pero ¡quién sabe!, igual te ayuda si tú te la dices.

- Asegúrate de comer saludablemente y de beber lo suficiente. Cuando mis hijos eran pequeños me daba la impresión de pasarme todo el día preparándoles y sirviéndoles tentempiés a base de frutas, galletas y vasos de leche. No se me ocurría que yo también podía beber algo sano entre las comidas. Hubo una época en que nunca me preparaba té o café, ni tomaba fruta, y, además, me alimentaba a base de bocadillos en los ratos en los que no estaba ocupada dando de comer a mis hijos. Ahora en cambio bebo al menos dos litros de agua diarios. Ojalá lo hubiera hecho en aquellos tiempos.

EJERCICIOS

- Piensa en un momento en que no te sentías a gusto. Puede ser cualquier situación. Tal vez alguien te contó una historia que no te apetecía escuchar. O mientras visitabas a alguien pasaste frío o querías comer un bocadillo. O dormiste fatal la noche antes de tener que dar ocho horas de clase. ¿Qué hiciste para volver a sentirte bien? ¿O no hiciste nada? ¿Qué te gustaría haber hecho?

- ¿De qué formas te cuidas? Quizá ya he citado algunas en este capítulo. ¿Hay algunas otras? Elige una que te vaya de maravilla. Escribe sobre ella. Dile a otra persona lo que haces para cuidarte, para qué te sirve. Pon ejemplos. Así serás más consciente de tus métodos. Te ayudará a usarlos más a menudo y en momentos en que de lo contrario no se te ocurriría aplicarlos.

- Escribe una forma de cuidarte que te gustaría adoptar o habla sobre ella. Piensa en las personas que conoces para ver si hay alguna que ya la utilice con desenvoltura. Fíjate en sus trucos y agrégalos al arsenal de los tuyos.

11

Alternativas a los premios y castigos

En los capítulos anteriores he hablado de varias alternativas a los premios y castigos. En este capítulo las agrupo en una lista para que te resulte fácil consultarlas.

- *Disfrutad juntos de las cosas.* Cuando tu hijo ha hecho las sumas bien o ha ordenado su habitación, se siente orgulloso de sí mismo o satisfecho. Este placer aumenta si alguien comparte su alegría. Exprésale con palabras cómo se siente diciendo lo maravilloso que es que haya aprendido a sumar o preguntándole qué ha encontrado mientras ordenaba su habitación, o por qué le gusta que esté ordenada, así le mostrarás que cuando él está contento, tú también lo estás. Esto es distinto de mostrarle que estás contento por haber hecho él algo tan bien, ya que entonces le estarías elogiando. En realidad, aunque tenga la habitación desordenada te puedes alegrar de que haya elegido lo que le hace feliz. A juzgar por lo que te ha dicho, es evidente que quiere decidir cómo mantiene su habitación y si dejará sus cosas a mano para disponer de ellas con facilidad, porque si guardara todas sus cosas en el armario o en la cómoda, no podría verlas de una ojeada y tendría que buscarlas.

- *Lamentaos juntos.* Una niña que se acaba de pelear con una amiga se disgustará incluso más aún si le sueltas: «¿Cuándo aprenderás a tener en cuenta lo que ella quiere?» Puedes expresarle lo que sientes y lamentarlo con ella: «¿Estás triste por-

que cada una queríais hacer algo distinto?» Los padres deseamos tanto que nuestros hijos sean felices que cuando les pasa
algo intentamos consolarlos: «¿Te sientes mejor ahora que te
he dado un beso?», o distraerlos. He advertido que tanto a los
niños como a los adultos les gusta saber que les apoyamos en
silencio, por eso a veces podemos rodearles los hombros con
el brazo para que vean que sabemos que están afligidos o tristes. La tristeza, como cualquier otra emoción, no es buena ni
mala. Es una energía… y punto.

- *Expresad vuestro agradecimiento.* Cuando tu hijo ha hecho
  algo de lo que te alegras, dile: «Gracias por limpiar la cocina»,
  «Gracias por contarme cómo te ha ido el día. Ahora sé cómo
  te sientes». Expresar agradecimiento puede convertirse en un
  hábito. Nos ayuda a fijarnos en las cosas que enriquecen la vida
  y es una cálida y feliz alternativa en lugar de decirle: «¡Qué
  bueno eres!»

  En una ocasión comencé un taller pidiendo a los participantes que compartieran su gratitud hacia sí mismos y los demás. Nos cautivó tanto la experiencia que lo seguimos haciendo durante dos horas.

  Te sugiero que encuentres el momento y el lugar para fijarte en la gratitud: durante una comida compartida, a la hora
  de acostarte, después de dar clases, el fin de semana, a una
  hora determinada durante las reuniones del profesorado.

- *Expresa cómo te sientes.* Dile lo que sientes y qué es lo que te
  gustaría que hiciese cuando veas que un niño está arrojando
  piedras a otro. Podrías decirle, por ejemplo, que estás preocupado porque no quieres que nadie se haga daño (si es posible,
  sujétale el brazo al niño que está arrojando piedras para que
  no lo siga haciendo). Dile lo que te gustaría que hiciera empe-
  zando el mensaje con la palabra «creo». Y cuando tu hijo se

divierta dibujando, dile que te alegras de que se lo esté pasando bien. Pero si ves que está absorto en ello, es mejor guardar silencio. Los niños mientras juegan a veces se ensimisman en su propio mundo, experimentando lo que los adultos llamaríamos una experiencia religiosa o espiritual. Y sería una lástima sacarlo de este profundo estado.

- *Fíjate en el efecto que producen las acciones o las palabras de tu hijo.* Los adultos sólo nos fijamos en ello cuando un niño molesta a otro, o a un adulto. «Mira la cara de Yolanda. Me parece que está triste. ¿Por qué crees que lo está?» Hazlo también cuando tu hija le dé la mitad de su galleta a otra niña. «¡Mira cómo sonríe Nina! Creo que está muy contenta por la galleta.»

- *Muestra interés.* Hazlo tanto si tu hijo hace algo «bien» como «mal». Muéstrale un verdadero interés por el motivo que le ha impulsado a hacerlo. Tanto si ha escrito «he puesto» como «he ponido», pregúntale por qué cree que se escribe así y si le gustaría repasar juntos cómo se conjuga el verbo en cuestión.

  Interésate también por él después de un evento. Un niño que está concentrado en un juego, preferirá seguir jugando. Pero tal vez le guste que de vez en cuando le des unas palmaditas en la cabeza o que te sientes a su lado para compartir el juego con él. Una niña aburrida que no deja jugar a sus anchas a los otros niños tal vez necesite un poco más de tiempo para sentirse cómoda antes de unirse al juego. O quizá le preocupe algo; si es así llévatela aparte y habla con ella. De este modo le estarás mostrando que te interesas por ella como persona en lugar de juzgarla.

- *Sé claro.* Una de las razones por las que premiamos a los niños es porque deseamos dejarles claro que esperamos que se porten bien y aprendan lo necesario para sumar, escribir, etc., según las normas. Por una parte, hay unas normas de conducta y, por otra, los conocimientos que les transmitimos. Creo que podemos ofrecerles ambas cosas con claridad sin premiarles ni castigarles. Los niños estarán más dispuestos a seguir las normas de conducta si participan en su creación. Haz que sean conscientes de los efectos que produce su conducta y dales la libertad para desarrollar sus propios valores éticos (véase Henning Köhler). Limita la cantidad de normas que les pones. Cada vez que crees una, piensa: *¿Es realmente necesaria? ¿Se me ocurre otra forma de satisfacer las necesidades de todos? ¿Puedo reemplazarla por una petición?*

Ayuda a los niños a adquirir toda clase de conocimientos, tanto si es en el colegio como en casa (por ejemplo, aprender a ordenar su habitación, a lavarse, a ser respetuosos con el medio ambiente) estimulando su capacidad para descubrir cosas por sí mismos (emulando a los adultos, haciendo preguntas, escuchando historias, consultando libros o Internet, mirando la televisión) y dándoles tu opinión. Dásela hablándoles de lo que coincide con los conocimientos adquiridos en el pasado o con ciertos acuerdos, y lo que no coincide con ellos. Ponerles notas o elogiarles es a mi modo de ver superfluo.

- *Hazles sugerencias.* Si les expresas tus ideas de cómo te gustaría que se comportaran en forma de sugerencias, no habrá ninguna razón para castigarles si no hacen lo que les dices ni para premiarles si lo hacen. Después de todo, no eran más que sugerencias.

- *Fíjales límites.* Los niños necesitan ciertos límites porque saber hasta dónde pueden llegar les permite sentirse tranquilos y protegidos. Considera un límite como una piedra con la que tu hijo topará, luchará y se rasguñará mientras adquiere su personalidad y su visión del mundo. Te propongo que en lugar de hacer respetar esos límites con premios y castigos, lo hagas defendiendo tus valores y los de la familia o el colegio, la sociedad y la naturaleza. Haz hincapié en ellos cuando tu hijo no los respete ante ti. Si sigue saltándose los límites que le pones, es importante que te fijes en su motivación. Los niños desean por naturaleza complacer a los adultos. Su deseo de llevarnos la contraria, tanto si lo expresan de forma pacífica como violenta, significa que algo les preocupa.

- *Ten en cuenta sus necesidades.* Sea lo que sea que un niño diga o haga, lo hace para satisfacer una necesidad en particular. Un castigo o un premio es el resultado de nuestros juicios de valor e ignora las necesidades de un niño. Observa la necesidad que se esconde en sus palabras o sus acciones. Si un niño usa medios perjudiciales para los demás para satisfacer sus necesidades, ayúdale a encontrar estrategias que sean positivas tanto para él como para los otros.

- *Sé un ejemplo de civismo.* Los niños buscan formas de ser dichosos y de hacer felices a los demás. Los seres humanos somos animales sociales y por lo general preferimos vivir con otras personas. Ayúdales a integrarse siendo un ejemplo de civismo. Saber cuidar de uno mismo, como he descrito en el capítulo 10, también forma parte de ello. No puedes obligar a tu hijo a ser como tú quieres que sea. Sólo puedes darle ejemplo y observar si lo aprovecha. Aceptará de ti sólo lo que se adapte a su personalidad.

- *Crea el espacio para estimular la motivación interior.* A mí me encanta contemplar a los niños jugar, aprender y vivir movidos por su motivación interior. Pero en cuanto intervengo y hago todo lo posible para inculcarles lo que creo que más les conviene, sólo me veo y oigo a mí misma.

Durante siglos, tanto los padres como los profesores han intentado educar a los niños como soldaditos marchando a sus órdenes. Pero siempre ha habido quien ha visto lo importante que es tener en cuenta y respetar la personalidad de un niño. Espero que después de leer este libro tú también elijas recurrir menos a los premios y castigos para que cada niño pueda desarrollar su propia manera de ser.

Tus hijos no son tus hijos,
son hijos e hijas de la vida,
deseosa de sí misma.

No vienen de ti,
sino a través de ti,
y aunque estén contigo,
no te pertenecen.

Puedes darles tu amor,
pero no tus pensamientos,
puedes cobijar sus cuerpos,
pero no sus almas,
porque ellas viven
en la casa del mañana
que no puedes visitar,
ni siquiera en sueños.

Puedes esforzarte en ser como ellos,
pero no intentes que se te asemejen.

Kahlil Gibran, los albores del siglo xx

Bibliografía

D'Ansembourg, Thomas, *Deja de ser amable, ¡sé auténtico!: cómo estar con los demás sin dejar de ser uno mismo*, Sal Terrae, Cantabria, 2007.

Gibran, Kahlil, *El profeta*, Ediciones Urano, Barcelona, 2001.

Hart, Sura y Kindle Hodson, Victoria, *Respectful Parents, Respectful Kids*, Puddle Dancer Press, California, 2006.

Kashtan, Inbal, *Parenting from Your Heart*, Puddle Dancer Press, California, 2003.

Köhler, Henning, *Cómo educar a los niños temerosos, tristes o inquietos*, Pau de Damasc, Barcelona, 2011.

Kohn, Alfie, *Crianza incondicional: de los premios y castigos al amor y la razón*, Crianza Natural, Barcelona, 2012.

Krishnamurti, *Sobre la educación*, Kairós, Barcelona, 2012.

Martin, William, *The Parent's Tao Te Ching*, Marlowe & Company, Nueva York, 1999.

Mol, Justine, *De Giraf en de Jakhals in Ons*, 2007.

Rosenberg, Marshall, *Comunicación no violenta: cómo utilizar el poder del lenguaje para evitar conflictos y alcanzar soluciones pacíficas*, Ediciones Urano, Barcelona, 2000.

Rosenberg, Marshall, *Resolver los conflictos con la comunicación no violenta: una conversación con Gabrielle Sells*, Acanto, Barcelona, 2013.

Solter, Aletha, *Llantos y rabietas: cómo afrontar el lloro persistente en bebés y niños pequeños*, Ediciones Medici, Barcelona, 2002.

Sobre la autora

Justine Mol (1949) nació en el seno de una familia católica holandesa. Fue la séptima de diez hijos. Ha criado a tres hijos y ha apoyado a su pareja en guiar a sus dos hijas adolescentes. Se puede decir que es una madre experimentada.

En 1999 leyó un artículo sobre Comunicación No Violenta de Marshall Rosenberg y en setiembre de 2004 obtuvo la titulación internacional de formadora en CNV. Más tarde dejó de pertenecer a este grupo internacional de formadores, pero en la actualidad sigue trabajando y viviendo con el espíritu de la CNV.

Al cabo de varios años empezó a escribir artículos sobre CNV y la crianza de los hijos. Tradujo al holandés dos libros del Instituto HeartMath de Californa: *The Inside Story* y *Teaching Children to Love*.

En 2005 escribió su primer libro *Opgroeien in Vertrouwen* (*Crecer con confianza*). Más tarde escribió *De Giraf en de Jakhals in Ons* (*The Giraffe and Jackal within*). Y dos libros más sobre la comunicación con jóvenes de 13 a 20 años que por ahora sólo se han publicado en holandés.

Su último libro, *Ik werd overvallen*, trata de la forma no violenta como reaccionó cuando unos ladrones se metieron en su casa para desvalijarla. En su página web www.justinemol.nl aparece una entrevista en inglés sobre esta experiencia.